Joanna Maria Otto

Kloster auf Zeit?

JOANNA MARIA OTTO

Kloster auf Zeit?

Neue Ideen für eine alte Lebensform

Vier-Türme-Verlag

**Bibliografische Information
der Deutschen Nationalbibliothek**

Die Deutsche Nationalbibliothek verzeichnet diese Publikation in der Deutschen Nationalbibliografie. Detaillierte bibliografische Daten sind im Internet über http://dnb.d-nb.de abrufbar.

in Deutschland produziert

1. Auflage 2022

Lektorat: Marlene Fritsch
Gestaltung: Dr. Matthias E. Gahr
Coverfoto © SJ-Bild. Das Bild zeigt die Kapelle des Exerzitienhauses HohenEichen in Dresden.
Druck und Bindung: Pustet, Regensburg
ISBN 978-3-7365-0455-4

www.vier-tuerme-verlag.de

Inhalt

Anhang

Vorab

Ich wurde gefragt, ob ich nicht etwas über »Kloster auf Zeit« schreiben könne. Denn schließlich war ich »auf Zeit« in einem Kloster, auch wenn das zunächst anders geplant war. Also schreibe ich hier über diese vier Jahre, die eigentlich ein Leben lang hätten werden sollen, blicke zurück auf meine Berufung und finde es genauso stimmig, dass ich damals in einen Orden eingetreten bin, wie es dann stimmig war, wieder auszutreten. Ich musste mich eine Weile sehr gegen die Gedanken wehren, ich wäre nicht berufen, ich genügte nicht und müsste deshalb den Orden verlassen. Heute glaube ich, dass »Berufung« nicht etwas Ewiges im Sinn von etwas Festem ist, sondern dass es etwas über das Leben selbst aussagt und im ständigen Fluss ist. Und ich bin davon überzeugt, dass ich in dieser Zeit gelernt habe, was ich lernen sollte.

Für mich ist »Gehorsam« in erster Linie der Gehorsam gegenüber Gott geworden, der sich zuallererst in mir selbst offenbart, was sich daran zeigt, ob mein Leben sich erfüllt, ob ich glücklich werde und ob etwas zur Blüte kommt und Frucht bringt. Das war in meinem Leben gar nicht so leicht auszumachen, da ich viel mit Krankheit und Schmerzen zu kämpfen hatte und noch immer habe. Und doch und gerade dadurch habe ich gelernt und erfahren, was es heißt, in die innere Weite zu kommen, mich nicht durch falsches Leistungsdenken versklaven zu lassen, sondern frei zu werden. Auch wenn ich es noch nicht bin. Aber ich greife vor ...

Viele Menschen sehnen sich (oft ohne direkt von »Berufung« zu sprechen) nach einer Erfahrung der inneren Einkehr, des Rückzugs, der Stille, nach einer Gemeinschaft, nach einem einfachen Leben, weil sie spüren, dass sie ihr eigenes Leben nicht erfüllt und oft genug überfordert. Viele Klöster wiederum bieten solche Phasen der Einkehr an, ein »Kloster auf Zeit«, doch sind dies oft Angebote, die zeitlich eben sehr begrenzt sind.

Als ich damals diese Sehnsucht verspürte, wäre ein »Kloster auf Zeit« nicht das Richtige gewesen. Es hätte mir nicht gereicht. Ich nahm die Berufung zur Hingabe ernst und dachte: ganz oder gar nicht. Diese Radikalität hat mir auch geholfen, mich aus dem bisherigen Leben zu lösen und alles loszulassen, was mich am Weiterkommen hinderte. Ganz biblisch sozusagen: »Keiner, der die Hand an den Pflug gelegt hat und nochmals zurückblickt, taugt für das Reich Gottes« (Lukas 9,62). Ich brauchte den radikalen Entschluss, um mein bisheriges Leben mit Beruf und Wohnung, ja sogar meiner geliebten Katze aufzugeben.

Zudem muss man dabei auch die andere Seite mit betrachten: die Gemeinschaft. Auch sie muss sich ja auf den Neuankömmling einstellen. Es ist etwas völlig anderes, jemanden »auf Zeit« zu beherbergen und als Gast am Leben teilhaben zu lassen, in dem Wissen, dass diese Zeit endet und der- oder diejenige wieder geht, als sich auf ein gemeinsames Leben bis zum Tod einzustellen. Eine Berufung zum Ordensleben muss sich natürlich immer erst über Jahre entwickeln und daher ist es nie von Anfang an eine »feste« Entscheidung, sondern eine lange Zeit der beiderseitigen Prüfung, in der sich eben erst zeigen kann, ob hier etwas in Erfüllung geht, was anfangs noch gar nicht klar erkennbar sein kann. Und trotzdem legt natürlich auch die Gemeinschaft ihre Hoffnung in die Neuankömmlinge, dass das Leben im Kloster weitergeht, dass die Gemeinschaft weiterbestehen wird, so wie Kinder die nächste Generation darstellen. Diese »Kinder« können zwar wieder gehen, werden aber trotzdem nach und nach in das Leben der Gemeinschaft eingebettet.

Das ist auch ein entscheidender Aspekt. Es gab einmal einen Werbespot für eine Versicherung, in dem ein Mann einem Freund stolz Bilder von seinem Leben zeigt: »Mein Haus, mein Auto, meine Frau, mein Hund.« Am Schluss zeigt er ihm das Bild eines Kindes mit den Worten »meine Altersvorsorge« – und das Kind im Spot zeigt ihm einen Vogel. Kinder sind nicht dazu da, das Leben der Eltern abzusichern und Erwartungen zu erfüllen. Sie müssen ihr eigenes Leben leben. Und doch werden sie oft genug »verzweckt« und durch den Leistungsdruck förmlich erdrückt. Da sind leider auch viele Gemeinschaften nicht vor gefeit. Dabei brauchen Kinder, biologische wie geistige, vor allem einen behüteten Ort, um zu reifen. Und einen festen Rahmen durch die Erfahrung der Älteren.

So ein »Kloster auf Zeit« könnte das sein, solange sich die »alten Hasen« dazu bereiterklären, diesen Rahmen zu bieten, um die Kinder dann wieder loszulassen. Das klingt fast zu schön, um wahr zu sein. Und auch wenn sich sicher jeder so einen Ort wünscht, an dem man einfach sein und wachsen kann, stellt sich die Frage, ob es dann das Richtige wäre. Denn selbst Knochen wachsen nur am Widerstand, und Pflanzen wachsen gegen die Schwerkraft. Vieles, was man im Kloster und im geistigen Leben lernt, lernt man nicht durch die Erfüllung dieser Idealvorstellung, sondern gerade in dem, was man eben so vorfindet. Menschlich gesehen lässt sich das nicht perfekter planen: Man bekommt genau das, was man braucht, ob man das so sehen kann oder nicht – und ich gebe zu, diese Einsicht ist mit viel Ärger und auch Schmerz verbunden, denn ich hätte es natürlich auch lieber kuschlig gehabt.

Also ist doch jede Gemeinschaft, in die man geht, weil man zu ihr eine Resonanz spürt, die richtige für genau den Lebensabschnitt, der nun vor einem liegt, und der dauert eben so lange, wie er soll. Ob sich das planen lässt? Vermutlich nicht. Vermutlich braucht es das Einlassen, als wäre es für immer, und die Wachsamkeit für den Augenblick, um zu erkennen, wann es Zeit ist, wieder zu gehen. Ein »festes« Angebot eines »Klosters auf Zeit« würde dem aber nicht gerecht. So werden wir im Folgenden auch den Faktor »Zeit« und auch den Begriff des »Klosters« genauer betrachten müssen.

Ansonsten möchte ich einfach etwas zu den einzelnen Phasen schreiben, in die sich rückblickend mein »Kloster auf Zeit« gliedern lässt, und die – meiner Ansicht nach – die Etappen eines solchen Weges darstellen. Nicht unbedingt linear als zeitliche Abfolge, mehr wie ein inneres Werden, in dem die Etappen in Schleifen wiederholt werden und es dabei immer tiefer geht, wie in einer Spirale.

Ich greife dazu auch auf kurze Texte zurück, die ich damals geschrieben habe, und hebe sie durch eine handschriftliche Schriftart vom restlichen Text ab. Ich schreibe ganz bewusst einen sehr persönlichen Text, der einfach meine Erfahrung und Meinung zu diesem Thema darstellt. Antworten wird die oder der interessierte Leserin oder Leser nur in sich selbst finden können, aber vielleicht dienen meine Erfahrungen als eine Art Polarisationsfilter, der die eigenen Gedanken und Empfindungen dazu klarer hervorbringen kann.

Als Wegweiser kann ich ansonsten nur sagen: Immer der Sehnsucht nach!

Scheitern

Sehr gutes Abitur, im Hauptstudium den Studieninhalt von zwei Jahren in einem Jahr absolviert, sehr gute Diplomprüfung ein Jahr vor den anderen Kommilitonen, mit Ende zwanzig fertig promoviert, danach eine Forschungsstelle.

Wie würde man wohl so einen Lebenslauf benennen? Vermutlich erfolgreich.

Und wie das Leben eines Menschen, der nach zahlreichen gesundheitlichen Problemen mit Anfang dreißig schließlich einen Burnout erleidet?

Vermutlich gescheitert.

Tatsächlich beschreiben beide Skizzen dieselbe Person.

Wie geht das zusammen? Das geht eigentlich nur, wenn beide Aspekte innerhalb der Person getrennt voneinander existieren, ohne direkte Kommunikation und in einer verzerrten Wahrnehmung dessen, was da gerade passiert.

Wenn es innerlich eine Art Peitsche gibt, die nur immer weiter vorwärtsdrängt, sei es, um über Leistung Anerkennung zu erreichen oder um vor dem eigenen Sein und Unvermögen davonzulaufen, ohne Rücksicht auf den geschundenen Körper.

Aber in diesem Leben gibt es noch einen dritten Aspekt:

Gott.

Er macht sich bemerkbar, und zwar so, dass Er nicht mehr überhört werden kann. Zunächst als Antwort auf eine bis dahin nicht verstandene Sehnsucht, beglückend, drängend und fordernd. Dann heilsam.

Und auf diesem Heilsweg, diesem Weg, ganz zu werden, die getrennten Bereiche wieder zusammenzubringen, auch ganz schön drastisch.

Burnout.

Knüppel zwischen die Beine und ins Getriebe. Der Versuch, wieder aufzustehen, weiterzumachen, einmal, zweimal, dreimal, viermal. Und schließlich: Gescheitert. Doch wirklich gescheitert? Nicht etwa befreit? Befreit aus einer jahrelangen Unrast und dem Zwang, es immer besser machen zu müssen, besser dazustehen, etwas geleistet zu haben, um geliebt zu werden.

Und doch fühlt es sich wie Scheitern an. Was denken die Kollegen, die Familie? Und das eigene Selbstbild beginnt zu bröckeln und stürzt in sich zusammen wie ein Kartenhaus.

»Er stürzt die Mächtigen vom Thron« (Lukas 1,52a) – oh ja, und der Fall kann sehr hart sein. Und dann plötzlich ein neuer Blick auf den lang vertrauten Text: »Auf die Niedrigkeit seiner Magd hat Er geschaut« (Lukas 1,48). Niedrigkeit! Was für ein hässliches Wort! Wie hart zuzugeben, dass man es nicht besser hingekriegt hat. Und doch irgendwie Erleichterung.

Endlich nicht mehr größer sein zu müssen, als man ist. Endlich nichts mehr aus eigener Kraft tun und können müssen. Sondern Ihn machen lassen. Und begreifen und zulassen, dass Er einen so bestimmt hat, wie man ist. Und auch so liebt. Und somit wahrhaftig: »Meine Seele preist die Größe des Herrn und mein Geist jubelt über Gott meinen Retter. Denn auf die Niedrigkeit seiner Magd hat Er geschaut« (Lukas 1,46–48).

Es ist vielleicht etwas seltsam, ein Buch über »Kloster auf Zeit« mit dem Scheitern zu beginnen, und doch ist es genau das, womit meine Reise begann. Vermutlich bin ich da auch kein Einzelfall. Viele Menschen erleben vielleicht kein drastisches Scheitern, aber zumindest einen Störfaktor in ihrem Leben, der sie fragen und suchen lässt, weil er ihnen aufzeigt, dass hier etwas nicht stimmt. Es fehlen die Freude und die Leichtigkeit. Trotz allem Tun ist da eine Leere, die sich nicht mit noch mehr Aktivitäten und Ablenkung füllen lässt.

Oder man strampelt sich ab und müht und müht sich umsonst, aber nichts gelingt wirklich, und die innere Zufriedenheit bleibt aus. Es fehlen die Erfüllung und das Glück. Aber es gibt die Sehnsucht, eine Ahnung, dass etwas anders sein könnte. Man weiß nur nicht, was und wie.

Manchmal scheitert man auch tatsächlich, verliert den Job oder wird krank. Oft versucht man wieder und wieder, auf die Füße zu kommen und weiterzumachen, und will sich nicht eingestehen, dass es erstens nicht mehr geht und zweitens sowieso nicht zielführend ist. Aber sich das einzugestehen, ist schwer.

Es muss aber so ein Scheitern kein Scheitern bleiben, wenn man es annimmt und nicht im Hadern stecken bleibt. Es ist eine Kurskorrektur, wenn man sich aufmacht und bereit ist zuzugeben, dass man hier nicht mehr weiterkommt und Hilfe braucht und sich nach Heilung, nach einem heilen, ganzen Leben sehnt. Sich beides einzugestehen, tut wie gesagt weh: Der erste Teil, weil keiner gern zugibt, dass er etwas nicht kann und scheinbar »versagt« hat. Der zweite Teil, weil das Eingeständnis der inneren Sehnsucht einem vor Augen führt, wie viel schon so lange gefehlt hat. Nach außen hin möchten wir aber gern so scheinen, dass wir alles im Griff haben und auf der richtigen Spur sind, Herr der Lage und selbst unseres Glückes Schmied. Diese Haltung kommt nur zu oft daher, dass wir uns auf niemanden sonst verlassen konnten, zu oft enttäuscht wurden und anderen beweisen müssen, dass wir glücklich sind. Wir denken allzu oft, dass alle anderen das schließlich auch sind und dass wir nicht aus dem Raster fallen möchten als Einzige, die es nicht hinkriegen.

Doch haben wir uns niemals überlegt, wie vielen Menschen es heimlich in ihrem Inneren genauso geht. Hier also zuzugeben, wo wir selbst stehen, ist der erste Schritt zur Heilung. Schließlich heißt es: »Nicht die Gesunden brauchen den Arzt, sondern die Kranken« (Matthäus 9,12). So ein Arzt macht erst einmal eine Anamnese, um dann eine Diagnose zu stellen. Ihm etwas vorzumachen, ist nicht hilfreich. Wir müssen ehrlich sagen, wo es wehtut und was nicht stimmt.

Das ist bei der inneren Kurskorrektur ähnlich. Hier überprüfen wir, nach welchen Maßstäben und Werten wir unser Leben bisher ausgerichtet haben. Oft kommen wir dahinter, dass es nicht die eigenen sind, und diese Erkenntnis tut auch wieder weh. Hier stoßen wir auf viele alte Erfahrungen, die uns in den Knochen stecken und unser Leben mehr geprägt und gesteuert haben, als uns lieb war, obwohl wir doch dachten, dass wir das selbst täten. Das anzuschauen, ist schon an sich demütigend und sehr schmerzhaft, denn es führt einem vor Augen, wie fremdgesteuert man bisher gelebt hat. Und die Wunden, die dahinterstecken, sind noch schmerzhafter.

Schließlich fällt einem auf die Frage, was man denn eigentlich selbst möchte, vielleicht auch erst einmal gar nichts ein, weil man sich diese Frage noch nie gestellt hat und auch erlebt hat, dass die eigene Meinung noch nie gezählt hat. Vielleicht kann man erst einmal gar nicht fassen, dass es nun aber um einen selbst geht.

Scheitern tut weh. Aber es kann sehr befreiend sein, wenn die alten Einstellungen und Zwänge schließlich nicht mehr wichtig sind und wegfallen dürfen. Dann ist der Weg frei für etwas Neues.

Was aber ist das Neue? Es braucht Zeit, um sich zu entwickeln und zu zeigen. Es ist ein ganz kleines Pflänzchen, das erst ans Licht kommt, nachdem das alte Unkraut es nicht mehr überwuchert. Also lohnt sich das schmerzhafte Jäten und Umgraben. Manchmal hat man selbst eine Ahnung, was das Neue sein könnte, und legt es in den frischen Acker wie ein Samenkorn. Manchmal weiß man es aber wirklich lange Zeit nicht. Dann kann man trotzdem darauf vertrauen, dass es in einem schlummert. Wie eine Spore, die lange Zeiten an unwirtlichen Orten überdauert und erst unter den richtigen Bedingungen wieder zum sichtbaren Leben erwacht.

So oder so brauchen die neuen Pflänzchen Geduld zum Wachsen und kein Ziehen an den zarten Halmen. Manchmal müssen sie sogar von einer Schutzplane abgedeckt und vor Wind und Wetter geschützt werden, sodass man das erste Wachstum gar nicht sehen kann. Dann darf man die Plane nicht vorzeitig entfernen oder ständig darunter gucken. Es braucht Geduld.

Was es aber auch braucht, sind Wasser und Nährstoffe. Also müssen wir in dieser Zeit schauen, was uns guttut, uns nährt, uns Inspiration bringt. Das können Texte aus der Bibel sein, die Psalmen oder Teile der Evangelien oder auch Gedanken geistiger Meister, Gemälde, Musik, die Natur oder etwas ganz anderes. Manchmal müssen wir Verschiedenes ausprobieren, bis wir auf die richtige Mischung an Dünger stoßen. Aber bitte nicht überdüngen!

So umsorgt und gehegt wird das Neue wachsen und sich zeigen und eines Tages blühen und neue Frucht bringen.

Sehnen

Wer bin ich für Dich?
Wer bin ich, dass Du Dich um mich kümmerst?
Wer bin ich, dass Du Dich überhaupt für mich interessierst?
Wer bin ich für Dich, dass Du für mich sorgst?
Wer bin ich für Dich, dass Du Dich darum sorgst, wie es mir geht?
Wer bin ich für Dich, dass Du mich hütest »wie Deinen Augenstern« (Deuteronomium 32,10)?
Wer bin ich, dass Du mich »zum Ruheplatz am Wasser« (Psalm 23) führen willst?
Wer bin ich für Dich, dass Du mich suchen kommst, wenn ich verloren gehe?
Wer bin ich, dass Du mich niemals aufgibst?
Wer bin ich, dass Du all meine Fehler auf Dich nimmst?
Wer bin ich für Dich, dass Du mich trotz meiner Fehler liebst?
Wer bin ich für Dich, dass Du mir Deine Liebe niemals entziehst?
Wer bin ich für Dich, dass Du mich so liebst, wie ich bin?
Wer bin ich für Dich, dass Du willst, dass ich ganz heil werde?
Wer bin ich, dass Du auf mich wartest?
Wer bin ich, dass Du von mir geliebt sein willst?

Als ich endlich aufgehört hatte, mich gegen das Scheitern zu wehren und zu versuchen, trotzdem weiterzumachen, fiel ich erst einmal in ein Loch und registrierte erst dann, wo ich überhaupt gelandet war. Es war nicht schön, und ich wollte diesen Zustand so schnell wie möglich wieder beenden und verlassen und zu etwas Neuem aufbrechen. Diese Versuche kamen jedoch nicht aus der Tiefe meiner Sehnsucht, sondern waren bloß der Angst geschuldet, die mir vormachte, dass ich schnellstmöglich wieder wissen müsse, wie es weitergehen sollte.

Wie es »der Zufall« wollte, brach aber gerade die Fastenzeit an, und es gab in meiner Kirchengemeinde das Angebot zu Exerzitien im Alltag. Diese sprachen mich so an, dass ich es wagte, nach einer persönlichen geistlichen Begleitung zu fragen. Das war das Beste, was ich hatte tun können. Ich erfuhr von den Chancen, die in solchen Erfahrungen, wie ich sie gerade machte, stecken, und wurde ermutigt, erst einmal nicht aus blindem Aktionismus irgendetwas zu unternehmen, um wieder auf die Füße zu kommen. Mit einem Begleiter an meiner Seite fasste ich etwas Vertrauen in den Prozess, und es beruhigte mich, dass ich selbst zwar nicht weiterwusste, mein Begleiter aber ganz ruhig und zuversichtlich blieb und offensichtlich weiter schauen konnte als ich. Denn

Angst engt den Blick ein und man starrt dann oft nur ganz gebannt auf die eigene Lage und das Dunkel in sich selbst. Wir können den Horizont nicht mehr erkennen und wissen nichts von einem neuen Sonnenaufgang.

Ich hielt also inne und ließ das innere Chaos erst einmal so sein, wie es war. Ich kam langsam zur Ruhe und ließ alles zunächst brachliegen. Als Anker in dieser Zeit diente die tägliche Heilige Messe und die Meditationsaufgaben aus der geistlichen Begleitung. Sonst tat ich nichts, ging nur regelmäßig in die Natur, meditierte und lauschte.

Ich war ziemlich überrascht, plötzlich Gottes Ruf zu vernehmen. Er war zwar eine Antwort auf eine innere Sehnsucht, aber auch ein Schock, und es stellte mein ganzes Leben und mein ganzes Selbstbild ziemlich auf den Kopf. Wochenlang lief ich die Berge rauf und runter – im Zwiegespräch mit mir und ihm. Denn ich hatte trotz vieler Besuche in Klöstern, wo ich zur Einkehr, Besinnung und Erholung gewesen war, bisher nicht vorgehabt, selbst in ein Kloster einzutreten, schon weil ich viele Vorurteile dagegen hatte.

Es gehörte Mut dazu, diese Vorurteile als solche zu erkennen und aus dem Weg zu räumen. Ich musste zugeben, dass ich keine Ahnung hatte, wie es ist, wirklich in einem Kloster zu leben. Meine

Erfahrungen als Gast zählten hier nicht. Es ist ja oft so, dass wir meinen, alles über ein Gebiet zu wissen, wenn wir einmal gerade über den Zaun geschaut haben. Ich bremste aber schließlich meinen Impuls und ließ ich mich darauf ein, dass ich nichts wusste.

Zudem dachte ich immer, ich bliebe in irgendeiner Form im Beruf, wenn ich auch in letzter Zeit nicht wirklich glücklich darin gewesen war und nicht wusste, wie und was ich stattdessen tun wollte. Trotzdem gehörte doch irgendeine Form von Beruf in meinen Lebensplan. Nun ließ ich diesen Plan los – und wusste nicht weiter. Wieder wusste ich nichts.

Es gehörte auch Mut dazu, in dieser Leere zu schweben und der eigenen Sehnsucht Raum zu geben. Ich wollte anerkennen, dass es diese Sehnsucht gab und dass es Bereiche in meinem Leben gab, die nicht erfüllten, wonach ich mich sehnte. Und es gehörte Mut dazu, dieser Sehnsucht zu folgen und alles, was sie nicht erfüllte, hinter mir zu lassen, mich zu öffnen und freizumachen für etwas Neues, das noch nicht greifbar war. Nur eine Sehnsucht.

Ich ließ mich also auf die Frage ein, ob ich mein Leben Gott weihen und in ein Kloster eintreten und für immer dort leben wollte. Ich hörte und las immer wieder, dass die einzig wirklich wichtige Frage auf dem Weg einer Berufung in ein Kloster sei, ob man Gott suche. Doch selbst die konnte ich nicht klar beantworten. Es gab so viel, was ich suchte, wonach ich mich sehnte. Und ich hatte eigentlich noch gar keine Ahnung davon, wer Gott war. Zudem dachte ich in sehr weltlichen Maßstäben. Ich dachte daran, was ich in einem Kloster tun könnte, ob meine Ausbildung passen würde, ob mir der Ort gefiele oder der Habit und ob es eine nette Gemeinschaft wäre. Nach und nach sollte ich lernen, dass das alles nicht wichtig war.

Ich fing an zu ahnen, wie sehr ich mich bisher über meinen Beruf und meine Leistungsfähigkeit im Allgemeinen definiert hatte. Es war befreiend zu lernen, dass meine Würde als einzigartiger Mensch nicht davon abhing und dass es etwas anderes war, das mich in der Tiefe ausmacht, das nicht von äußeren Dingen wie Beruf, Ansehen, Besitz oder Ähnlichem abhängt. Hier ging es schlicht und ergreifend um mein Wesen, um mich als Person, um etwas, das immer da ist, ganz gleich ob in Jugend oder Alter, Gesundheit oder Krankheit, Leistungsfähigkeit oder Gebrechen. Hier ging es um das Sein. Und um die Hingabe. Es war unglaublich schön, zu erahnen, dass dieses Sein das Leben ganz anders erfüllen könnte.

Dass es gewollt wäre und geliebt, so sehr von Gott geliebt, dass er auf der Suche nach mir war und wollte, dass ich ihm folgte. Denn nach und nach begriff ich, dass die Sehnsucht zwei Seiten hatte: nicht nur meine nach Gott, sondern auch seine nach mir, ohne die es nämlich meine Sehnsucht gar nicht gäbe. Doch wer kann so etwas schon fassen?

»Und was bin ich dir, dass du von mir geliebt werden willst?«, fragte schon der heilige Augustinus. Ich verbrachte mit dieser Frage viel Zeit und ließ sie langsam in mich einsickern, ließ mich von innen her wandeln und lauschte auf die Antwort.

Und nach einigen Monaten ließ diese Antwort wiederum nur eine Antwort von mir zu.

Loslassen

Ich bin vor Dir, und das genügt.
Ich wünschte, ich könnte diesen Satz, den ich in
den letzten Wochen so oberflächlich aussprach,
aus tiefster Seele und vollem Herzen sagen.
Ich bin vor Dir, und das genügt.
Ich bin.
Ja, ich bin tatsächlich immer noch,
obwohl ich schon oft meinte,
jetzt bringt es mich um.
Ich bin, weil ich von Dir im Leben gehalten werde.
Leben?
Oft genug wohl eher Überleben.
Aber immerhin.
Genug, um durchzuhalten, weitergehen zu können,
der Verheißung nach dem Leben entgegen.
Leben.
Du bist das Leben.
Und ich bin vor Dir.
Das macht den Unterschied zwischen Überleben
und Leben.
Vor Dir leben und mit Dir leben.
Und mit Dir leiden.
Nicht mehr allein.
Ich bin vor Dir.
Und Du siehst mich an in meinem Sein, meinem
Ringen, meiner Leere.

Oft genug kann ich nichts anderes,
als einfach vor Dir zu sein.
Und auch das kostet Kraft,
Willenskraft, das Leid auszuhalten.
Nur der innere Tod kostet keine Kraft mehr.
Doch Du hältst mich im Sein und leidest mit mir.
Ich bin vor Dir.
Immer noch.
Und für immer.
Und das genügt?
Na ja, es ist das alles Entscheidende,
das den Unterschied macht.
Es genügt allerdings gerade nicht.
Mir fehlen Schlaf, Essen und Zuwendung.
Grundbedürfnisse. Essenziell. Existenziell.
Und doch, ich ahne:
Trotz allem, mit allem und ohne alles
bin ich immer noch vor Dir.

Ich war also bereit, meiner Sehnsucht zu folgen und alles hinter mir zu lassen. Ich wagte den Sprung ins Ungewisse und ließ alles los.

Ich empfehle bei aller notwendigen Radikalität, sich trotzdem Zeit für diese Phase zu nehmen und zu registrieren, was man da loslässt. Schritt für Schritt. Sonst kann es einen später furchtbar einholen, dass man zu viel hergegeben hat. Wenn man sich nach der Entscheidung aus der Euphorie heraus nämlich zu schnell ins Neue stürzt, nimmt man dem Alten seinen Wert und achtet es nicht genug. Wenn dann die Schmetterlinge im Bauch wie bei der ersten Liebe nachlassen und sich der Alltag einstellt, muss man aber mit seiner Entscheidung im Guten leben können. Und dazu ist es wichtig, diesen Weg sozusagen ganz organisch zu gehen, mit allem, was dazugehört. Wirklich Schritt für Schritt erleben, was man da tut. Ich wurde zu meinem Glück von meinem geistlichen Begleiter immer wieder gebremst.

Und so ließ ich mir zwei Jahre Zeit und reduzierte mein Leben ganz allmählich auf das Wesentliche. Ich wählte aus, was ich mit mir nehmen wollte, und löste nach und nach meine Wohnung auf. Ich suchte und fand gute Plätze für alles, was ich hinter mir ließ. Es war ja einmal mein Leben und sollte nicht einfach im Müll landen.

Ich lebte mich langsam ein. Innerlich und äußerlich. Ich legte meinen Schmuck ab, schminkte mich nicht mehr, ging nicht mehr zum Friseur und ließ die Haare lang wachsen, bis sie dann eines Tages abgeschnitten würden, damit sie unter den Schleier passten. Ich tat Schritt für Schritt und spürte, wie er sich jeweils anfühlte, nahm mir die Zeit, alles wahrzunehmen und einzuordnen. Ich hatte wie gesagt das große Glück, in dieser Zeit einen großartigen geistlichen Begleiter zu haben und überdies die letzten sieben Monate dieser Vorbereitungszeit in einem Berufungshaus leben zu dürfen, das an ein Kloster angeschlossen war. So übte ich mich ein: Ich übte das Gebet, die Einfachheit, die Stille, den Gehorsam und auch den Winter im langen Rock, weil ich mir nicht vorstellen konnte, einen Winter im Habit zu überstehen. Es ging.

Vor allem aber übte ich mich im Loslassen und Vertrauen. Denn meine eigenen Vorstellungen davon, in welche Gemeinschaft ich gern eintreten würde, zählten bei Gott offenbar nicht. Ich schaute mir einige an und lauschte auf die Reaktion in meinem Inneren. Selbst wenn ich nach dem Studieren der jeweiligen Internetseite einer Gemeinschaft im Vorfeld dachte, dass es sehr gut passen würde, fühlte ich mich vor Ort wie ein Fisch auf dem Trockenen und betete gegen die

Wand. Bei anderen stieß es innerlich so viel an, dass ich damit nicht fertig wurde.

Es war zum Verzweifeln: Ich spürte meine Berufung und war bereit, in ein Kloster einzutreten, konnte aber das Kloster nicht finden, in das ich eintreten sollte. Doch in der Zwischenzeit hatte ich ja schon alles aufgegeben!

Es brauchte viel Geduld und Vertrauen darauf, dass Gott bestimmt den richtigen Platz für mich haben würde. Und schließlich fand ich ihn. Kein perfekt passender Ort und keine perfekt passende Gemeinschaft, aber ein sehr gemäßigtes und ruhiges Gefühl von Resonanz in meinem Inneren. Und gerade deshalb tragfähig – tragfähig genug, um den Sprung zu wagen.

Als ich dann bereit war zu gehen, war da Freude, übergroße Freude, dass es endlich losging. Und beim Ankommen eine Flut von Tränen, die ich weder erklären noch kontrollieren konnte – tagelang. Das alles brauchte seine Zeit.

Einmal angekommen, begriff ich erst, was es bedeutete, keinen Schlüssel mehr zu haben und nicht mehr selbst bestimmen zu können, ob und wann ich vor die Tür gehe oder nicht. Hier war ich nun in der Einsamkeit und Stille, ohne eigene Pläne und ohne Ablenkung.

Es brauchte Zeit, mir nun das neue Leben zu eigen zu machen, innerlich anzukommen und in den Habit, den ich nach sieben Monaten erhielt, hineinzuwachsen. Er unterschied sich nicht wesentlich von dem der anderen Schwestern, war nur eben passend für meine Größe. In früheren Zeiten bekam man wöchentlich aus der Kleiderkammer seine Wäsche zugeteilt, ganz so, wie es in der Augustinusregel unter Kapitel 5.1 steht: »Eure Kleidungsstücke sollen durch eine oder mehrere Personen als gemeinsamer Besitz betreut werden.« Dabei musste es nicht die Wäsche sein, die man vorher abgegeben hatte. Es wurde für alle gesorgt, aber keiner hatte Anspruch auf sein Eigenes. Heute werden in die Wäschestücke jeder Schwester individuelle Nummern eingenäht, und man bekommt immer wieder die gleiche Wäsche. Auch wenn ich das natürlich sehr begrüßte, ging dabei allerdings der ursprüngliche Sinn verloren, wie es in der Regel weiter heißt: »Wenn dies bei euch Eifersucht und Unzufriedenheit hervorruft oder wenn gar einer sich beklagt, dass er jetzt ein Kleidungsstück erhalten habe, das minderwertiger sei als das, was er zuvor hatte, und wenn er es unter seinem Stand fände, Kleidungsstücke zu tragen, die schon ein anderer getragen hat, wäre das keine Lehre für euch? Wenn ihr um die äußere Ausstattung eures Leibes Streit bekommt, wäre das kein Beweis, dass an der inneren Ausstattung eures Herzens noch allerhand fehlt?«

Wir lebten als Dominikaner-Nonnen zwar nach der Augustinusregel, doch dienen viele Passagen im Alltag der Gemeinschaften inzwischen wohl nicht mehr so sehr als Handlungsgrundlage, was eigentlich sehr schade ist, da diese kurze Regel sehr reich an wirklich heilsamen Regeln ist.

Ich verstand, dass zu einer echten Gemeinschaft auch geradezu zwangsläufig die Armut und die Gütergemeinschaft gehören müssen, wie es in Kapitel 1.3 heißt: »Sorgt im Gegenteil dafür, dass euch alles gemeinsam gehört.« Denn nur in der Armut sind wir wirklich authentisch die, die wir vor Gott sind, und es ist oft genug die eigene innere Armut und das eigene Unvermögen, die es zu teilen gilt, die uns miteinander in echter Gemeinschaft verbindet und verbündet und die wirklich Gott als unsere tragende Existenz erscheinen lässt, weil wir so nichts von uns aus vermögen. Gerade so können wir lernen, in Freiheit und Liebe uns selbst herzuschenken, mit allem, was wir sind oder eben nicht sind. Die dabei manchmal auftretenden Stiche zeigen einem wiederum genau die Schattenseiten, die es noch zu heilen gilt auf dem Weg zur Einheit der Herzen.

Wenn wir jedoch von Angehörigen etwas geschenkt bekamen, mussten wir es noch immer, wie es in der Regel steht, erst der Novizenmeisterin zeigen, die dann entscheiden sollte, wer es am meisten nötig hätte. Heutzutage darf man das dann doch meist behalten, aber festen Anspruch darauf hat man nicht. Ansonsten wurde für alles aus den gemeinsamen Vorräten des Klosters gesorgt, vom Haargummi bis zu den Schuhen, von der Zahnbürste bis zur Bodylotion.

Ich hatte keine eigenen Möbel, die ich ausgesucht hätte, aber ich gestaltete meine Zelle sehr schön mit dem, was eben da war, und dem bisschen, was ich mitgebracht hatte. Dafür war das Gemeinschaftsbadezimmer ganz fürchterlich gekachelt und ich musste mir oft sagen, dass das unwichtig sei. Es gab keine eigene Küche, ja nicht einmal Einfluss darauf, was wir zu essen bekamen oder wann. Es gab keinen eigenen Rhythmus mehr. Ich ließ los ...

Wenn man so viel loslässt, fehlt einem schnell der Halt. Daher ist der Rhythmus im Kloster sehr wichtig. Er hält die Gemeinschaft zusammen und strukturiert den Tag. Dieser Rhythmus wird durch die Gebetszeiten vorgegeben, und somit wird der ganze Tag durchdrungen und getragen vom Gebet. Alles andere ordnet sich dem unter. Die Arbeit bleibt liegen, wenn die Glocke zum Gebet ruft. Es kostet Überwindung, diese Priorität zu setzen, und immer wieder schleicht sich das alte Denken ein, dass man nur schnell etwas fertig machen will. Es ist eine tägliche Übung, den Eigenwillen loszulassen und dadurch innerlich frei zu werden.

Eine weitere Stütze ist natürlich die Klausur. Man ist nicht eingesperrt im Kloster, auch wenn man keinen Schlüssel hat und die Klausur nur mit Erlaubnis und aus bestimmten Gründen verlassen darf. Man ist ja freiwillig hier. Und man will dadurch frei werden. Das klingt absurd, und viele vergleichen das Kloster mit dem Gefängnis. Aber hier liegt der Unterschied. Doch warum tut man sich das an? Warum verzichtet man auf so viel eigene Freiheit? Weil einem die Klausur zur inneren Sammlung hilft. Hier hinein gelangt nichts, was die innere Sammlung stören könnte. Da Klöster Besucher empfangen und die Gebetszeiten öffentlich sind, schützt die Klausur auch die Privatsphäre der Gemeinschaft.

Das öffentliche Gebet ist manchmal schwierig. Zum einen ist es sehr schön, wenn Menschen von außen das Gebet mit der Gemeinschaft teilen möchten. Es ist auch eine der Aufgaben der Gemeinschaft, für die Menschen mit ihren Anliegen zu beten. Aber Gebet ist eben auch etwas sehr Persönliches, Innerliches. Ich habe es als belastend erlebt, dass uns gesagt wurde, Gefühle sollten vor der Kapellentür bleiben, weil wir nur für die anderen da seien. Das ist also auch eine Übung im Loslassen des eigenen Suchens nach Erfüllung. Aber so blieb mein Gebet oft Pflichterfüllung und drang nicht tiefer und Gott hatte quasi keine Chance, mich in den Psalmen zu berühren. Dabei ist es so wunderbar, sich mit dem Beter der Psalmen in Lob, Dank und Klage zu verbinden. Und eigentlich steht in der Augustinusregel in Kapitel 2.3: »Wenn ihr in Psalmen und Liedern zu Gott betet, dann sollen die Worte, die ihr aussprecht, auch in eurem Herzen lebendig sein.« Es wäre allerdings sicher eine Herausforderung, wenn man im öffentlichen Gebet plötzlich weint oder verstummt, weil man so ergriffen ist. Dabei raten einem die Meister dazu, dem zu folgen, wenn es einen zum inneren Gebet hinzieht. In all dem einen Weg zu finden, der für die Gemeinschaft funktioniert und akzeptiert ist, ist wohl eine Aufgabe für sich. Für das innerliche Gebet blieb natürlich die eigene Betrachtungs- und Meditationszeit, die stille Anbetung vor dem Allerheiligsten und die eigene Zelle, aber im gesungenen Gebet, in dem man singend mehr von der eigenen Seele ansprechen kann, als man es im Stummen oft tut, fehlte mir etwas.

So oder so machte ich mir die Gebete aber zu eigen: den Rhythmus und auch die Sprache. Häufig beobachtete ich bei der Arbeit, wie mir einzelne Psalmverse auf die Lippen oder in die Gedanken kamen und das Gebet noch mehr meinen Alltag prägte. So wurden meine Gedanken zu Gott hin geordnet und die Leere und Stille manchmal gefüllt. Wenn auch nicht immer ...

Das Leben im Kloster war auf der einen Seite getragen von der Vorstellung, nun endlich da zu sein, wo ich sein wollte, und so zu leben, wie ich es wollte, und ich war glücklich dabei. Auf der anderen Seite gab es aber die Realität, die sich in Form meines Körpers und meiner Gefühle zeigte. Das Leben im Kloster ist körperlich und seelisch hart.

Der Alltag mit viel Gebet und Arbeit und wenig Schlaf ist eine Belastung, und das enge Zusammenleben in der Stille eine Herausforderung. Man verzichtet auf alles und bringt doch alles mit, was man in sich hat. Wer aus der Welt ins Kloster flieht, wird dort auf keinen Fall glücklich, denn vor Gott und sich selbst kann man nicht fliehen. Darin besteht die Chance, aber auch die Prüfung.

Ich hatte auf der Suche nach Erfüllung nun auf vieles, wenn nicht auf alles verzichtet, was meine Sehnsucht nicht erfüllte, und mir fehlte nun immer noch etwas. Was, hätte ich nicht einmal sagen können. Die innere Leere wollte sich nicht füllen, so sehr ich mich auch bemühte. Ich war bereit, immer wieder neu loszulassen, in der Hoffnung, dass Gott sie eines Tages füllen würde. Und das war vermutlich das größte Problem dabei. Ich bemühte mich zu sehr. Ich dachte immer noch, wenn ich es erst richtig mache – genug bete, mich genug von allem frei mache –, würde er schon kommen. So funktioniert das aber nicht. Das war nur der alte Leistungsdruck, der sich wieder meldete. Und ich verkannte, wo ich war. Ich suchte, anstatt mich finden zu lassen.

Ankommen

Ich schaue den Fischen zu, wie sie im Strom
schwimmen.
Wie eine kleine Gemeinschaft.
Die Kleinen schwimmen an der Oberfläche
und müssen heftig arbeiten
und mit den Flossen schlagen,
damit sie von der Strömung
nicht abgetrieben werden.
Doch die Großen stehen in der Tiefe ruhig im Strom.
Ihnen genügt ein gelegentlicher
leichter Schlag mit der Schwanzflosse
zur Kurskorrektur.

Ich fand nach und nach in den Rhythmus, in die gleichen Tage, die gleichen Abläufe. Ich stand morgens um fünf Uhr auf, wusch mich rasch und legte den Habit an, was bei ausreichender Übung erstaunlich schnell geht. Es gab zum Glück Schwestern, die noch früher aufgestanden waren und Kaffee gekocht hatten, sodass ich in der Stille eine kleine Tasse trinken konnte. Damit gestärkt ging ich langsam eine kleine Runde zum Wachwerden durch den Klostergarten und begrüßte die erwachende Natur. Dann war es auch schon Zeit, zur Lesehore und Laudes in die Kapelle zu gehen. Anschließend ging es zur Meditation über das Tagesevangelium in die eigene Zelle zurück. Hier in der Stille kam die Müdigkeit wieder durch, und die Meditation brachte scheinbar nicht viel Frucht. Aber es war eine Zeit, die ich Gott geschenkt hatte, auch wenn ich gern stattdessen geschlafen hätte. Anschließend ging es wieder in die Kapelle zurück, zur Heiligen Messe. Erst danach gab es endlich Frühstück, knapp drei Stunden nach dem Aufstehen!

So startete jeder Tag, der Sonntag nur etwas später und leicht verändert. Es folgte werktags die Arbeit bis zum Gebet des Rosenkranzes und der Sext vor dem Mittagessen. Am Nachmittag gab es Arbeit und etwas Zeit zum Studium, dann das gemeinsame Gebet der Non, wieder eine private

Meditationszeit und dann Vesper und Abendessen.

Dreimal in der Woche schloss sich die sogenannte Rekreation an, also eine Erholung, ein Beisammensitzen der Schwestern mit Nachrichten im Fernsehen, Erzählen und Handarbeit. Früher hieß es noch, eine Nonne mit nichts in den Händen sei keine gute Nonne. Also strickten wir Winterkleidung für Bedürftige. Um acht Uhr fand jeden Abend das Gebet der Komplet statt und im Noviziat gab es danach noch einen Austausch über die morgendliche Betrachtungszeit. Da schlichen sich manchmal wieder das alte Leistungsdenken und eine Art Wettbewerb ein, was peinlich ist zuzugeben, aber eben einfach mit der Zeit erst »abgeschliffen« werden musste. Um zehn Uhr ging es dann endlich zurück ins Silentium der Nacht und ins Bett.

Dieses Silentium, das Schweigen, sollte uns eigentlich auch den Tag über umgeben. Natürlich hielten wir das nicht immer durch: manchmal gab es bei der Arbeit Dinge, die besprochen werden mussten, und manchmal verquatschten wir uns einfach. Aber wir wurden – jung wie alt – immer wieder ermahnt, zur Stille und zur Sammlung zurückzukehren. Das ist eigentlich auch sehr schön, denn in einem so abgeschiedenen Konvent hat man sich sonst gefühlt irgendwann alles gesagt.

Es gab nichts anderes mehr, keine Verabredungen, keine Termine. Nur selten Telefonanrufe. Nach und nach wurde alles eins. Oft wusste ich nur noch anhand der Überschrift im Gebetbuch, welcher Wochentag eigentlich war. Ich tat einfach, was vor mir lag, was jeweils die gerade anstehende Aufgabe war.

Eine Unterbrechung des Alltags war der Besuch des Beichtvaters circa alle sechs bis acht Wochen. Auch das war eine Herausforderung im Loslassen, nicht mehr selbst bestimmen zu können, wann man zur Beichte gehen möchte. Dabei gab es noch einiges, das mich immer wieder aus der Bahn warf. Ich hörte manchmal von Angehörigen die Frage, was man als Nonne denn schon groß zu beichten hätte. Sie können mir glauben, dass in einer solchen Gemeinschaft alles wie durch ein Brennglas viel größer und klarer hervortritt, jede Schwäche und Neigung, jeder Ärger über Mitschwestern, Neid und Missgunst oder der Wunsch, selbst gesehen und beachtet zu werden oder auch einfach Anteil zu haben.

Es erschließt sich einem nicht sofort, warum es eine klare Hierarchie im Kloster gibt, wo doch eigentlich alle Schwestern und Brüder gleich sein sollten. Als Neuling hat man noch keinen Anteil am vollen Konventsleben und den liturgischen Ämtern oder dergleichen. Man darf nur Aufgaben übernehmen, die keine eigene Verantwortung beinhalten. Das ist natürlich erst einmal leichter, aber wenn man vorher berufstätig war, ist das schon sehr merkwürdig. Es dient wohl der Demut und dazu, dem eigenen Drang nach Ansehen entgegenzuwirken. Oft genug holte mich zudem der alte Leistungsdruck ein, denn Arbeit gibt es im Kloster immer genug. Es gab aber auch Aufgaben, die ich gern übernommen hätte und nicht durfte. Es war eine Übung darin, sich zu fügen, und nach rein weltlichen Aspekten fragte ich mich manches Mal, ob nicht eine andere Verteilung der Aufgaben der Gemeinschaft mehr Nutzen gebracht hätte. Gehorsam soll ja dazu dienen, dass man nicht das eigene sucht und Hingabe lernt, aber auch über sich hinauswächst. Und jeder sollte meiner Meinung nach ganz biblisch seine ihm individuell zugeteilten Talente einbringen und Nutzen daraus ziehen (siehe Matthäus 25,14–30). Der Grat zwischen falscher Selbstverwirklichung und echter Hingabe an die eigenen Fähigkeiten und Aufgaben ist jedoch vermutlich sehr schmal.

Es stellte sich mir auch oftmals die Frage, was als Nächstes kommt, ob es Besuch gibt, Ablenkung vom Alltag und Bereicherung der Stille. Denn die wirkte manchmal noch einsam und langweilig. Wir führten zu seltenen Gelegenheiten Gespräche mit Gruppen, die etwas über das Klosterleben wissen wollten. Diese Menschen konnten nicht glauben, dass wir ohne Handy und privaten E-Mail-Account lebten, dass wir nicht ins Café oder Kino gingen, ja, dass wir das Kloster überhaupt nur zum Einkaufen von Lebensmitteln oder Besuchen von notwendigen Fachärzten verließen. Selbst der Hausarzt kam zu uns. Und wenn wir aus dem Haus gingen, taten wir das entsprechend der Ordensregel nur zu zweit. Lediglich am Sonntag durften von der gesamten Gemeinschaft alle, die wollten, gemeinsam spazieren gehen. Spaziergänge allein waren nicht erlaubt. Das fehlte mir sehr.

Ich hätte mir jedenfalls vor meinem Eintritt niemals ein so reduziertes und reglementiertes Leben vorstellen können. Und doch lebte ich mich ein in der Stille, Einfachheit und scheinbarer Eintönigkeit. Dabei war der Moment so reich, wenn ich mich auf ihn einlassen konnte. Ich übte die Kontemplation im Garten, schaute, ohne zu bewerten und einzuordnen, und ging immer die gleichen Wege, über die Brücke am Graben, der das Kloster umgab, in den Klostergarten und dort meine Runde. Ich schaute den Fischen und der süßen Wasserratte zu, wie sie die Knospen der Seerosen vernaschte, beobachtete am frühen Morgen den Eisvogel beim Fischfang und betrachtete den kleinen Zierapfelbaum, wie er sich mit den

Jahreszeiten veränderte. Es schien mir, als kennte ich jede Blüte, und doch war alles immer wieder neu, unglaublich schön und vielfältig. Die Bäume tanzten im Wind und waren Leben pur. Manchmal erahnte ich die Ewigkeit, das Leben, das einfach immer Leben in allem ist, das alles verbindet und immer da ist.

Zu anderen Zeiten wiederum rieb mich das Klein-Klein im Alltag auf. Dann war alles mühsam und unbefriedigend und irgendwie völlig unzureichend. Ich konnte nicht ausweichen, nicht einfach mal in den Wald gehen, um mir Luft zu verschaffen, nicht einfach mal eine Freundin anrufen, um mir Trost und Bestätigung zu holen, was doch nur das kleine Ego beruhigen sollte. Da blieb nur die eigene Zelle, um mich zurückzuziehen, zu schimpfen und zu weinen und Rat und Zuspruch bei Gott zu suchen. Doch dann erinnerte ich mich wieder daran, einfach im Moment zu sein. Da zu sein. Zu sein. In der Stille.

Erst durch die Zeit, die ich in der Gemeinschaft lebte, habe ich verstanden, dass eine solche nicht nur eine Unterstützung in einer Gruppe oder menschlicher Halt ist, eine Erleichterung und Trost gegen die Einsamkeit, sondern dass es beim Gemeinschaftsleben wahrhaft um die eschatologische Komponente geht: mit Gott und den Menschen versöhnt, »durch das Feuer der Liebe entbrannt ein Herz und eine Seele auf dem Weg zu Gott«, wie es in der Augustinusregel unter Kapitel 1.2 heißt, also auf dem Weg zur wahren Einheit des Herzens und zum Heil, zur Einheit in und mit Gott.

Ich hatte früher nur die innermenschliche Dimension betrachtet, wie sie die frühe Mönchstradition lehrt, und fand sie auch in meinem eigenen Leben sehr lehrreich: Nur wenn ich mich in allen meinen Lebensaspekten für Gott öffne, und ihm mein ganzes Herz – auch mit allen dunklen Seiten und Wunden – hinhalte, kann er wirklich ganz in mir wohnen und bin ich ganz, mit ganzem Herzen auf dem Weg zu ihm. Bei Augustinus erfuhr ich nun zusätzlich von der zwischenmenschlichen Dimension: dass wir auch als Gemeinschaft gerufen sind, wie ein Herz und eine Seele zusammen unterwegs zu sein. Und ich fand, dass beide Aspekte nicht voneinander zu trennen sind, dass ich gerade im Ringen um das gemeinschaftliche Leben mit meinen Schatten konfrontiert werde, mit den Bereichen, wo ich selbst noch nicht ein ganzes, heiles Herz habe. Sodass eben beides ineinandergreift: in dem Maß, in dem ich mich an einer Mitschwester aufreibe, lerne ich mich selbst besser kennen, kann Heilung bei Gott finden und kann mit meinem eigenen Herz, dass immer mehr eines wird, zu einer Einheit innerhalb der Gemeinschaft finden. Ein sehr schöner, wenn auch oft schmerzhafter Weg.

Aber Augustinus schrieb ja bereits »durch das Feuer der Liebe entbrannt«. Dieses Feuer der Liebe ist wahrhaft ein Läuterungsfeuer, das alle Schlacken aus uns herausbrennt, damit wir ganz Liebe werden.

Still werden

Warten
auf
den,
der
kommt,
jeden
Tag
meines
Lebens
aufs
Neue.

In den Gruppen, die uns besuchten und befragten, kamen neben den Fragen zu unserem Alltag, dem Habit, den Gelübden und der Klausur vor allem folgende Fragen zum Vorschein, die begleitet wurden von einem fast verzweifelten Drängen: Wie findet man die Stille? Wie kommt man zur Ruhe? Und wie hält man das aus?

Viele Menschen fliehen regelrecht vor der Stille und lenken sich ab. Sie bombardieren sich mit Kontakten, Nachrichten, Musik und Fernsehen, weil sie die Einsamkeit fürchten und die Konfrontation mit sich selbst nicht aushalten. Und doch sehnen sie sich nach mehr Stille, weil sie mit dieser Flut überfordert sind. Sie können nur nicht mehr anders.

Man kann aber wieder lernen, in die Stille zu kommen. Das muss man jedoch üben, weil es sonst wirklich zu viel sein kann, was da plötzlich laut wird in der Stille. Es ist auch immer ratsam, einen Begleiter zu haben, mit dem man besprechen kann, wie es einem dabei ergeht, und der einen leiten und notfalls korrigieren kann, damit es einen nicht überfordert. So kann man sich langsam steigern, indem man sich zuerst einmal fünf Minuten still hinsetzt, später zehn Minuten und so weiter. Für den Anfang noch besser geeignet als das stille Sitzen ist aber ein Gang in die Natur, wie es zum Beispiel Pater Franz Jalics SJ in seinen

»Kontemplativen Exerzitien« lehrt. Man geht hinaus und schaut, ohne zu denken und zu bewerten. Das tut man anfangs natürlich automatisch trotzdem. Es braucht Übung, das zu unterlassen. Es kommen erst einmal immer wieder Gedanken zu den eigenen Sorgen oder auch nur an die nächste Einkaufsliste. Zudem wird man fast automatisch darüber nachdenken, ob einem das Betrachtete gefällt, ob es schön ist und was sich damit machen ließe oder ob einen etwas stört und so weiter. Aber sobald man das merkt, kehrt man immer wieder zum Schauen und Betrachten zurück. Immer wieder. Einfach nur schauen. So hat man einen Fokus. Als solchen kann man auch den eigenen Atem nehmen, wie es in vielen Meditationstechniken gelehrt wird und wie es Pater Jalics als zweite Stufe empfiehlt. Denn ohne Fokus verlieren wir uns zu schnell. Und ohne Fokus kann uns tatsächlich die Angst vor der Stille kommen, weil wir denken, wir wären allein darin. Sind wir aber nicht. Hier begegnen wir Gott, immer wieder, in der Gegenwart, die Gott ist. Auch wenn wir ihn noch nicht wahrnehmen können. Wenn wir mit den Gedanken abschweifen, sind wir in der Zukunft unserer Sorgen oder in der Vergangenheit unserer Altlasten, jedoch nie bei uns und bei ihm.

Das ist wahrlich ein Übungsweg, weil wir uns selbst so schnell ablenken. Es ist erschreckend, was da alles in uns hochkommt und Platz einnimmt. Es ist frustrierend, das zu merken, aber man darf sich nicht mit Schimpfen aufhalten und vor allem sich nicht selbst dabei fertigmachen. Es ist normal, dass diese Ablenkungen kommen. Die müssen erst hinaus, wenn Gott hinein soll. Und dazu ist es notwendig, sie zur Kenntnis zu nehmen, anstatt sie zu unterdrücken. Es ist wichtig, dass das Ungelöste hochkommen darf, denn nur so kann es angeschaut und erlöst werden. Unterdrückt käme all das nur mit umso größerer Gewalt zurück. Wenn man es aber freundlich und in Liebe anschaut und vor Gott da sein lässt, kann es Frieden finden. Manchmal kommt aber sehr viel Ungelöstes hervor. Auch aus diesem Grund ist das Klosterleben hart und eigentlich nur für Menschen geeignet, die innerlich sehr stabil sind. Dabei suchen aber, wie bereits gesagt, gerade die Kranken den Arzt. Und heutzutage suchen viele Menschen den Weg ins Kloster, die innerlich kaputt sind. Und zu denen zählte ich auch.

Es ist gut, möglichst viel an eigenem Ballast vorher zu bearbeiten und loszulassen. Manchmal geht das jedoch nicht oder es zeigt sich erst in der Tiefe der Stille, wo die Wunden liegen, weil man sie nun nicht mehr so gut verstecken kann – vor den anderen und/oder vor sich selbst. Dann muss man gezielt therapeutische Hilfe annehmen. Das ist keine Schande und auch kein Eingeständnis eines Scheiterns, sondern Selbstfürsorge, die nötig und in Gottes Plan auf unserem Weg der Heilung inbegriffen ist.

Es mag viele Dinge geben, die als Hindernisse zwischen uns und Gott stehen, die übrigens auch zwischen uns und den Mitmenschen stehen. Sie anzuschauen, tut ebenfalls wieder weh. Aber je mehr sie angeschaut und erlöst werden, umso mehr wird der Weg frei. Und wir mit ihm. Der geistliche Weg ist wahrlich ein Weg durch die Wüste. Das Volk Israel irrte vierzig Jahre durch solches Gebiet, bevor es ins »gelobte Land« kam. Dabei sind vierzig Jahre ja noch keine sehr lange Zeitspanne. Das geistliche Leben ist eine Lebensaufgabe. Man kann die Übung nicht sozusagen schnell vorab erledigen, bevor man dann zum eigentlichen Leben kommt. Es gibt zwar im Kloster besondere Zeiten des Unterrichts und der Einübung. So erhalten die Novizen natürlich noch ein paar Jahre Unterricht und Begleitung. Vor den wichtigen Entscheidungen zur Einkleidung oder zur Ablegung der Gelübde gibt es ebenfalls besondere Auszeiten und Exerzitien, die auch das spätere Ordensleben jährlich immer wieder einmal vertiefen sollen. Diese Zeiten sind ein Geschenk. Oft hart, aber auch sehr erfüllend und beglückend, weil hier die Freundschaft und Liebe zu Gott besondere Nahrung erhält, ganz losgelöst von den Pflichten des Alltags und nur auf einen selbst abgestimmt. Die eigentliche Übung findet aber immer im Alltag statt. So wie eine Hochzeitsreise sicher sehr beglückend und erfüllend für das frisch verliebte Ehepaar ist. Die Liebe muss sich aber im Alltag ihrer Beziehung zeigen.

Im Kloster ist leider der Geliebte nicht so physisch anwesend, aber einem doch eigentlich näher als man sich selbst. Nur sind wir uns selbst oft so fern.

Gehorchen

Hat Gott eigentlich den Elektrozaun erfunden? Um seine Schafe vor dem Fehltritt und Verlassen seiner Herde zu warnen? Das frage ich mich immer wieder, wenn mein Körper sich in Schmerzen zusammenzieht und meine Wirbelsäule in den Zickzack gezwungen wird.

Kein Entrinnen!
Kein Entrinnen?

Vielleicht ist genau das die Botschaft: nicht zu entrinnen. Nicht den schmalen Pfad hin zu Ihm zu verlassen, der ins Leben und in die Weite führt. Sondern draufbleiben, dableiben, erleben, erleiden, erlöst werden.

Ich dachte bisher, ich muss jeden Fehltritt an innerer Haltung schwer in der äußeren büßen. Doch heute geht mir auf, dass es keine Strafe ist, weil ich nicht folgsam war.

Gott schlägt uns nicht ans Kreuz. Das tut die Sünde. Gott löst uns davon.

Aber er lässt es zu, dass wir es immer wieder erfahren, um wieder in die Freiheit umzukehren. Eine liebevolle Zurechtweisung. Und immer wieder der Hinweis darauf, wie sehr wir der Erlösung bedürfen.

Obwohl ich immer mehr Gefallen fand an der Stille und der Einfachheit und daher auf der einen Seite immer glücklicher wurde, hatte ich auf der anderen Seite immer wieder mit körperlichen Schmerzen zu kämpfen, die Ausdruck davon waren, dass eben doch etwas nicht stimmte. Was das war, konnte ich nicht so leicht ausmachen.

Es wäre zu einfach gewesen, nur zu überlegen, welche Arbeit mir guttat und welche ich lieber lassen sollte, obwohl manches davon natürlich berechtigt war: Mit akuter Sehnenscheidenentzündung sollte man eben das Fensterputzen lassen, und mit Rückenproblemen muss man vielleicht wirklich auf das Schieben der großen Müllcontainer verzichten.

Vieles betraf aber vor allem die innere Haltung. Ich hatte Angst, etwas falsch zu machen und bestraft zu werden, und projizierte diese Befürchtung natürlich auch auf Gott. Dass es während der ersten Jahre im Kloster und der Berufungsklärung natürlich darum geht, ob man bleiben kann oder wieder gehen muss, half bei meiner Angst logischerweise nicht. Ich wollte ja bleiben. Es ging aber darum hinzuschauen, ob sich mein Leben im Kloster erfüllen würde. Also ist diese Prüfung notwendig und eigentlich heilbringend. Wer in unserer Leistungsgesellschaft aufwächst, kann jedoch vermutlich nicht anders, als auch die Abstimmung der Konventsschwestern oder -brüder als Beurteilung zu verstehen, der man ausgesetzt ist und die man hofft, zu bestehen. Das ist alles andere als förderlich und zeigt einen wichtigen Punkt auf, den man irgendwie anders lösen oder besser kommunizieren und begleiten müsste, damit das bange Warten in der Kapelle, während der Rat der Schwestern tagt, nicht mehr so sehr der Situation vor einer mündlichen Prüfung gleicht. Vor dieser wartet man auf dem Flur vor dem Prüfungszimmer statt in der Kapelle, das Gebet um Gottes Beistand und einen guten Ausgang ist jedoch vermutlich ähnlich. Dass es hier nicht um Leistung geht, sondern um Hingabe und Erfüllung, konnte ich damals noch nicht fassen oder gar umsetzen.

So suchte ich lange vergeblich nach einem Weg ohne Fehltritt und ohne Bestrafung, und versuchte, alles richtig zu machen, um akzeptiert zu werden. Meine Schmerzen machten das nicht gerade leichter, da ich dadurch sozusagen aus dem Rahmen fiel und nicht reibungslos in den Klosterablauf passte. Daher empfand ich auch meine Schmerzen als Bestrafung, weil ich wohl irgendwie nicht richtig folgte und etwas falsch machte. Das war wahrlich ein Teufelskreis. Die Erlösung lag aber ebenso wenig darin, alles richtig zu machen und folglich Schmerzen zu vermeiden. Die

Erlösung lag darin, einzusehen, wie ich bin und davor nicht auszuweichen, stattdessen innerlich weich zu werden und mich nicht mehr äußerlich zu verbiegen oder anzupassen. In den Ordensstrukturen ist das jedoch gar nicht so einfach.

Die Regeln der Klausur dienen als Leitplanke, als Geländer, wenn auch nicht unbedingt als Elektrozaun. Denn sie sollen vor dem Fallen bewahren und nicht bestrafen. Dazu ist ein wichtiger Pfeiler im Kloster natürlich der Gehorsam. Er ist eigentlich das alles Entscheidende, und die Dominikaner legen statt der in vielen anderen Orden üblichen drei Gelübde zu Armut, Keuschheit und Gehorsam lediglich das Gelübde zum Gehorsam ab, weil dieses alles andere miteinschließt. Der Gehorsam ordnet das gemeinsame Leben, verleiht einem Halt und soll zudem helfen, über sich hinauszuwachsen und nicht beim eigenen Willen hängenzubleiben. So ist er eigentlich heilsam. Wir geloben ihn Gott gegenüber und stellvertretend dem Prior oder der Priorin. Aber der Gehorsam, den wir Gott geloben, wird von Menschen eingefordert, die nicht unbedingt viel weiter schauen können als wir und die selbst in ihrem Urteil sehr leicht fehlgehen oder von persönlichen Unvollkommenheiten geleitet sein können.

Wer ein Oberer ist, hat den »Schwarzen Peter« gezogen, um nicht drastischere Ausdrücke zu verwenden, denn er ist für das Heil seiner »Schäfchen« verantwortlich. In der Augustinusregel heißt es dazu in Kapitel 7.3: »Euer Oberer soll sich nicht deshalb glücklich schätzen, weil er kraft seines Amtes gebieten, sondern weil er in Liebe dienen kann. Aufgrund eurer Hochachtung soll er unter euch herausgehoben sein, doch aufgrund seiner Verantwortlichkeit vor Gott soll er sich als der Geringste von euch einschätzen. Allen soll er durch gute Werke ein Beispiel geben. Er soll diejenigen, die ihre Arbeit vernachlässigen, zurechtweisen, den Ängstlichen Mut machen, sich der Schwachen annehmen, mit allen Geduld haben.« Weiter heißt es, »soll er mehr darauf bedacht sein, von euch geliebt als gefürchtet zu werden. Er soll stets daran denken, dass er vor Gott für euch Rechenschaft ablegen muss«. Und dann im Absatz 4: »Indem ihr aus Liebe gehorcht, stellt ihr unter Beweis, dass ihr nicht nur mit euch selbst Erbarmen habt, sondern auch mit eurem Oberen.«

Man soll darauf vertrauen, dass im Gehorsam Segen liegt, wenn wir ihn in dem Vertrauen befolgen, dass es Gottes Wille ist und er schon alles zu unserem Besten fügt und ordnet. Es heißt, wer ein solches Amt ausübt, könne bei seinen Entscheidungen mit der Gnade Gottes rechnen. Eine Garantie ist das jedoch nicht. Denn es geht darum, Gott zu Willen zu sein. Der kann sich auch im

Eigenen zeigen: im eigenen Vermögen oder Unvermögen. Es ist nur furchtbar schwer zu unterscheiden, ob es wirklich eine persönliche Grenze ist, wenn man etwas verneint, oder bloß Bequemlichkeit, und ob einen der Heilige Geist leitet oder es bloß die eigene Meise ist, die unter dem Pony pfeift, wie viele so gern scherzhaft sagen.

Bei aller Verantwortung kann der Obere also natürlich auch einmal falsch liegen. Dieses Amt kann man nur in Demut ausüben. Und meiner Ansicht nach gehört dazu auch die Einsicht, dass das Empfinden der Neulinge den rechten Weg weisen und die Einschätzung der »alten Hasen« falsch liegen kann. Es ist schade, dass in der Augustinusregel noch nicht enthalten ist, was der heilige Benedikt später in das dritte Kapitel seiner Regel schrieb: »Dass aber alle zur Beratung zu rufen seien, haben wir deshalb gesagt, weil der Herr oft einem Jüngeren offenbart, was das Bessere ist.« Für die Neulinge ist es ein schwieriges Unterfangen, da zu unterscheiden, sich in Liebe weisen zu lassen, den rechten Weg zu finden und dabei sich und Gott treu zu bleiben, mit allen und gegen alle Ängste und Erfahrungen, die mit hineinspielen mögen. Manchmal muss man sich trotz allem Gehorsam wohl auch zur Wehr setzen, mit allem gebotenen Respekt, versteht sich. Denn, wie gesagt, die Weisungen sind nicht immer richtig. Und ich glaube, manch einer wird leider in Ordensstrukturen kränker als er es vorher war.

Aus meiner heutigen Sicht wäre es eigentlich dringend erforderlich, einen geistlichen Begleiter, eine geistliche Begleiterin in dieser Zeit zu haben, der oder die von außerhalb des Klosters unvoreingenommen auf die gesamte Situation schaut und mit dem oder der man alle Fragen und Zweifel besprechen kann, ohne Angst vor den Folgen haben zu müssen. Denn es geht ja schließlich darum, wie das eigene Leben zur Erfüllung gelangen kann, ganz egal, ob im Kloster oder außerhalb. Das eine ist nicht besser oder schlechter als das andere.

Ringen

Seltsame Wege führst Du mich, Herr.
Immer wieder an die harte Grenze des eigenen
Unvermögens, voller Schmerzen.
Bis ich nachgebe und mich füge.
Wie schwer ist es aber, immer wieder loszulassen,
das eigene Streben nach Fleiß und Pflichterfüllung und Helfenwollen,
und sich stattdessen der Angst zu stellen,
missachtet und getadelt zu werden,
in vollem Vertrauen, dass Du, Herr,
immer anders bist,
voller Liebe, Güte und Erbarmen,
und nichts anderes willst als Liebe und Hingabe,
zu Dir und zum anderen.
Und in allem eigenen, noch so gut gemeinten
Streben
ist nichts davon.
Herr, gib mir den Mut,
mich immer wieder in diesen Abgrund zu werfen,
nicht mein eigenes Bestreben zu suchen,
sondern Dich allein.

Wie ich gerade geschildert habe, ist das Leben unter dem Gehorsam nicht leicht. Ein weiterer wesentlicher und schwieriger Aspekt kommt noch hinzu, denn schließlich lebt man in einer Ordensgemeinschaft mit Menschen, die man sich nicht persönlich ausgesucht hat und wahrscheinlich niemals ausgesucht hätte. Ein Dominikanermönch, dessen Name ich leider vergessen habe, hat eine Klostergemeinschaft einmal mit einem Beutel voller Steine verglichen, in dem sich die Steine aneinander glattreiben. Auf dem Weg zur Vollkommenheit brauchen wir diese Reibung, mit der uns Gott ordentlich den »Rost runtermacht«, damit wir hinterher glänzen. Denn wenn man allein vor sich hinlebt, ist vieles so viel leichter, weil man nicht aneckt und nicht ständig einen Spiegel vorgehalten bekommt. Wir brauchen aber die *correctio fraterna* (lat. brüderliche Zurechtweisung), die allerdings in Liebe geschehen sollte. Oft genug ist das vermutlich gerade nicht der Fall, sondern man sagt etwas, weil man vom anderen oder von der Situation genervt ist. Aber so oder so ist die Reibung notwendig. Und selbst wenn es so wäre, dass man sich zu Beginn herrlich mit den anderen fühlt, kommt garantiert irgendwann irgendein Neuankömmling, mit dem oder der es dann ordentlich knallt. Zumindest ist das wünschenswert. Das kann ich rückblickend wirklich sagen, auch wenn ich währenddessen viele Kämpfe ausgefochten habe.

Denn diese Reibung und die »schwesterliche Zurechtweisung« sind Heilmittel, die den einen Leib und das eine Herz der gesamten Gemeinschaft heilen wollen. Gerade bei solch schmerzhaften Stichen ist mir die Aufforderung in Kapitel 1.8 der Augustinusregel so wichtig: »Ehrt gegenseitig in euch Gott.« Ich habe mir zur festen Gewohnheit gemacht, bei jeder Verbeugung vor einer Schwester, vor allem vor einer, mit der ich gerade Schwierigkeiten habe, im Stillen »*Deo gratias*« zu sagen. Dabei bedankte ich mich bei Gott dafür, dass ich mit ihr zusammen auf dem Weg sein darf und er mir durch sie die Chance gibt, durch das Feuer geläutert zu werden und zur Liebe zu gelangen. Hierbei half mir vor allem der Gedanke, in jedem Menschen Christus selbst zu begegnen, und zwar vielleicht gerade auch in einem sehr entstellten Antlitz.

Einer der wichtigsten Aspekte des geistlichen Lebens, den ich in diesem Zusammenhang lernte, war, dass wir unsere innere Haltung stets in einem Dreiklang betrachten müssen: die Haltung zu uns selbst, zu Gott und zu den Mitmenschen. Wenn ein Ordensmensch meint, er habe keine Probleme mit Gott, er käme nur mit den Mitbrüdern oder -schwestern nicht klar, verkennt er einen wichtigen Teil des Problems oder eigentlich seines ganzen Lebens. Das ist ziemlich hart, wenn man erkennt, wie schwer man sich mit den Eigenheiten der anderen tut und vieles verurteilt oder meint, nicht ertragen zu können. Dann erträgt man eben auch Gott in diesem Punkt nicht und liebt die Menschen nicht, wie er es tut.

Genauso können wir Gott und die Mitmenschen nur dann wahrhaft lieben, wenn wir uns auch selbst lieben können. Das steht so längst in der Bibel: »Darum sollst du den Herrn, deinen Gott, lieben mit ganzem Herzen und ganzer Seele, mit all deinen Gedanken und all deiner Kraft. Als Zweites kommt hinzu: Du sollst deinen Nächsten lieben wie dich selbst. Kein anderes Gebot ist größer als diese beiden« (Markus 12,30f). Und doch wird es so oft vergessen oder gar verleugnet, weil es schwer ist zuzugeben, wo man steht. Es gilt dann im Umkehrschluss, dass man selbst mit seinen Fehlern und Macken geliebt wird. Und das ist ebenfalls nicht so einfach anzunehmen.

In der Gemeinschaft dient man sich gegenseitig aus Liebe, nicht nur mit den jeweiligen Aufgaben, sondern eben auch als Projektions- und Reibungsfläche, in dem Bewusstsein, dass wir alle nicht vollkommen sind, es aber werden wollen. Und selbst, wenn es nicht um direkte Meinungsverschiedenheiten, Konflikte oder schlichtweg

Marotten geht, gibt es einiges, was man im Spiegel der anderen über sich lernen kann.

Wenn man so wie ich durch gesundheitliche Einschränkungen aus dem Rahmen fällt oder zu fallen scheint, ist man häufig Stein des Anstoßes, passt eben nicht so gut ins alte Gefüge, ist nicht eine unter vielen, die alle mit dem Gemeinsamen mehr oder weniger gut klarkommen, sondern eine, die viel mehr Anforderungen an eine individuelle Betrachtung und Lösung stellt. Eigentlich sollte es eine Selbstverständlichkeit sein, alle Menschen individuell zu betrachten, denn keiner gleicht dem anderen, und Gerechtigkeit kann nicht bedeuten, dass jeder das Gleiche erhält. In der Ordensregel des Augustinus ist das auch in mehreren Punkten aufgegriffen und ausführlich erläutert sowie mit dem geistlichen Nutzen begründet. So heißt es zum Beispiel in Kapitel 1.3: »Nicht, dass er jedem Einzelnen gleich viel geben müsste, denn im Hinblick auf die Gesundheit seid ihr nicht alle gleich, vielmehr soll jedem Bruder gegeben werden, was er persönlich nötig hat.« Oder in Kapitel 3.4: »Nicht alle müssen das haben wollen, was sie andere zusätzlich bekommen sehen. Das geschieht ja nicht, um jemanden zu bevorzugen, sondern allein aus Rücksichtnahme. Andernfalls würde sich im Kloster der widersinnige Missstand ergeben, dass jene, die aus armen

Verhältnissen kommen, ein verweichlichtes Leben führen, während die aus reichen Verhältnissen Stammenden alle möglichen Anstrengungen auf sich zu nehmen hätten.«

Praktikabler ist es aber natürlich, wenn doch jeder ins System passt, das nun mal schon besteht, und wenn man zurechtkommt mit dem, was für alle gut ist. Wenn man das nicht tut, ist man eben automatisch erst einmal im Fokus. Das gilt erst recht, wenn man zum Arzt muss. Es heißt zwar in Kapitel 5.6: »Sobald ein Mitbruder sagt, dass er sich nicht wohlfühlt und Schmerzen hat, dann glaubt ihm ohne Weiteres, selbst wenn die Krankheit noch nicht zum Ausbruch gekommen ist.« Wie dann verfahren wird, ist aber nicht so klar. Denn man stört den Betriebsablauf, wenn man aus der Tagesstruktur ausschert und die Priorin oder die Novizenmeisterin bitten muss, dass eine Mitschwester einen zum Arzt fährt. Man hat es eben nicht mehr in der Hand zu sagen: »Ich bin mal gerade weg und später wieder da.«

Diese Sorge um den einen Leib der Gemeinschaft bestimmt dann auch die Regeln des gemeinsamen Lebens in den Kapiteln zwei bis sieben. Hier beeindruckt mich vor allem Augustinus' Weisheit, die notwendigen Dinge für das Zusammenleben und das leibliche Wohl stets auf das seelische Wohl und den geistlichen Fortschritt hin zu ordnen. Das Wohl des Einzelnen ist aber immer auf den einen Leib der Gemeinschaft – und letztlich natürlich auf den gesamten Leib Christi der Kirche – hin geordnet. Es gilt für ihn, dass das Halten der Regel selbst in sich schon Prüfstein und Maß für den Fortschritt ist – und natürlich für die Liebe. Augustinus leitet seine »Kinder« dazu an, einander mit absolutem Wohlwollen und blindem Vertrauen zu begegnen, geradezu als Vorschuss, und wenn einer ein Bedürfnis hat und äußert, das absolut ernst zu nehmen, ohne es besser wissen zu wollen oder infrage zu stellen. Zudem lässt Augustinus in seiner Regel dem Einzelnen die eigene Würde und die Chance, sich selbst immer wieder zu ertappen und sich bessern zu lassen. Da gibt es keine Regel um der Regel Willen, aber kluge Anordnungen im Vertrauen darauf, dass der Betroffene selbst erkennt und äußert, wenn es genug ist. So heißt es in Kapitel 3.5: »Wenn ein Kranker genesen ist, soll er sich in Acht nehmen, dass er nicht zum Sklaven der eigenen Behaglichkeit wird.« Ich muss zugeben, dass dieser Weg in Freiheit schwieriger ist als der mit absoluten, festen, aber unmenschlichen Regeln. Doch wir sollen eben »nicht als Sklaven, niedergebeugt unter dem Gesetz, sondern als freie Menschen unter der Gnade« leben, wie es in Kapitel 8.1 heißt.

Diese Regeln dienen also dem Zusammenleben und Heil der gesamten Gemeinschaft, und es wird genau beobachtet und beurteilt, was im Alltag passiert. Manchmal vielleicht zu genau. Und manchmal vielleicht nicht genau oder reflektiert genug.

Es stellt sich für die Neuen aber immer die Frage, ob man in der Gemeinschaft gut, gesund und glücklich leben kann. Bei allem innewohnenden und mitgebrachten Leistungsdenken darf man nicht vergessen, dass es um die Erfüllung des eigenen Lebens geht. Und wenn die Antwort Nein heißt, obwohl man sich selbst sehr wünscht, im Kloster zu leben, finde ich es ganz entscheidend, zu begreifen, dass man es nicht selbst ist, der oder die nicht genügt. Es ist immer eine Angelegenheit, an der beide Seiten einen Anteil haben. Wie ein Schuh, der zum Fuß passen muss. Wenn der nicht passt, ist ja auch nicht der Fuß per se falsch. Er passt dann nur einfach nicht mit diesem Schuh zusammen. Das eigene Wunschdenken kann einem dabei aber lange etwas vormachen. Wenn ich zum Beispiel unbedingt High Heels tragen wollen würde, weil ich die so schick und besonders finde, meine Füße aber nun mal mehr der Turnschuhtyp sind und ich andernfalls immer Schmerzen habe, so gehörte zu einem gesunden, gelingenden Leben irgendwann die Einsicht, dass meine Vorstellung an der Realität vorbeigeht und ich nur mit dem glücklich werden kann, was mir auch passt. Und hier kommt dann trotzdem das Kostbare zum Vorschein. Im Märchen bekommen auch nicht die Stiefschwestern den Prinzen, die sich die Füße verstümmeln, um in den Schuh zu passen, sondern das Aschenputtel – und zwar auch erst dann, als der Prinz sie als die erkennt, die sie ist.

Wir erkennen also in der Gemeinschaft immer mehr, wer wir sind, und in diesem Prozess finden wir immer mehr zu Gott. Denn nur dort, wo wir wirklich wir selbst sind, kann er uns begegnen. Im Bestreben, anders sein zu wollen, verpassen wir ihn ständig. Da uns aber unsere bisherigen Erfahrungen so oft ganz anderes lehrten, ist dieser Weg wahrlich mühsam. Daher betet Augustinus am Ende seiner Regel unter Kapitel 8.1 für uns: »Der Herr gebe, dass ihr, ergriffen vom Verlangen nach geistlicher Schönheit, dies alles mit Liebe befolgt.«

Es braucht unbedingt die Sehnsucht nach Gott und dieses Ziel vor Augen, sonst wird man diese Mühe nicht lange auf sich nehmen wollen, sich irgendwann innerlich wegducken und abstumpfen und bequemer einrichten oder unterwegs daran verzweifeln, warum man sich das antut. Vielleicht gibt man sogar auf.

Augustinus empfiehlt in Kapitel 8.2., die Regel einmal pro Woche zur innerlichen Überprüfung lesen zu lassen. Wir haben das leider nicht gemeinsam befolgt, was ich jedoch für klug halte, um aufmerksam zu bleiben und sich immer wieder Ermutigung zu holen. Ganz am Schluss rät Augustinus seinen »Kindern«, stets zu beten: »Vergib mir meine Schuld und führe mich nicht in Versuchung.«

Annehmen

Wer wagt sich vor,
in diesen dunklen, tiefen Abgrund der bedingungs-
losen Annahme?

Wer lässt sich so weit los
und fällt durch alle Schichten des Dunkels,
begegnet der Liebe und stellt sich ihr?

Du liebst mich?
Obwohl mich so viele Erfahrungen anders lehrten?

Du liebst mich?
Obwohl so vieles in mir ist,
das ich nicht haben will?

Du liebst mich und nimmst mich so, wie ich bin?

Wer wagt es, es Dir gleichzutun?
Und sich anzunehmen?

Kein Ausweichen, kein Vertuschen,
kein Verstecken im Gebüsch.

Ich will es wagen, Herr.

Ungeschminkt stehe ich vor Dir
und stelle mich Deiner Liebe,
die ich nicht fassen kann und fast nicht ertrage.

Liebe mich behutsam
und lass mich hineinwachsen
in Deine unendliche Liebe.

Mit der Annahme ist es wahrlich so eine Sache. Wir wünschen uns nichts sehnlicher, als dass die Menschen uns annehmen, wie wir sind. Das gilt natürlich auch für die erwähnte Abstimmung durch den Rat der Schwestern. Wie groß ist die Erleichterung, wenn man angenommen wird und die Zustimmung zur Einkleidung und später zur Profess erhält. Man ist angenommen und darf bleiben.

Doch geht diese Annahme natürlich eigentlich noch viel tiefer und diese Art der Annahme ist mit der Aufnahme in den Konvent längst nicht erledigt. Dazu braucht es noch viel an innerer Heilung. Und zwar auf beiden Seiten, innerlich und äußerlich: Annahme der anderen und durch die anderen und Annahme seiner selbst. Denn wir wünschen sie uns so sehr und können es selbst so wenig. Andere nehmen wir gern, wie sie sind – wir behaupten es wenigstens. Und das geht solange gut, bis uns etwas an ihnen tierisch auf den Wecker fällt. Dann wird es schon schwieriger, und man muss sich oft sagen, dass dieser Mensch von Gott geliebt und gewollt ist, wie er ist. Es gibt sicher manchmal tatsächlich etwas Tadelnswertes, doch dann gilt es sehr genau zu unterscheiden, dass man die Tat tadelt, den Menschen jedoch liebt, und manchmal sogar gerade tadelt, weil man ihn liebt. Das ist eine Kunst!

Mit der Selbstannahme wird es dann noch schwieriger. Da behaupten wir auch, dass wir das tun – und können es noch weniger. Zumindest, wenn wir in die Tiefe gehen. Oberflächlich finden wir uns toll. Wir verteidigen unsere Position und unser kleines Ego im Streit mit anderen und fühlen uns richtig und im Recht. Doch darunter fehlt uns die Annahme unserer selbst, wodurch so ein Streit dann auch ganz anders ausginge. Wenn wir uns wirklich so nehmen könnten, wie wir sind, gelänge uns das mit den anderen ebenfalls besser, und berechtigte Kritik wäre konstruktiv, weil wir sie als solche annehmen könnten, anstatt uns zu verteidigen. Das tun wir meistens nur, weil unser Selbstwert so gering ist, dass jede Kritik oder auch nur ein falscher Blick uns ins Wackeln bringt.

Doch wie kommt man zur Selbstannahme? Vorschnell könnten wir sagen, indem wir begreifen, dass Gott uns auch angenommen hat als sein Eigen, sein kostbarstes Gut. Das klingt wundervoll. Doch können wir das glauben? Hier trifft diese Liebe Gottes auf unser Inneres, in dem so gut abgespeichert ist, dass wir eben nicht in Ordnung sind, wie wir sind, weil wir viele Situationen erlebt haben, in denen andere uns das deutlich gemacht und über uns geurteilt haben. Hier braucht es Mut, sich der Liebe Gottes auszusetzen und die inneren Wunden und Widerstände wie Eis in der Wärme seiner Liebe schmelzen zu lassen. Und das braucht vor allem Zeit und Sitzfleisch. Ideal sind dazu im Kloster die Stunden der Anbetung vor dem Allerheiligsten.

Manchmal ist diese »Dosis« jedoch auch zu hoch. Dann helfen schon Texte, Worte, die wir wiederholen und auf deren Echo in unseren Herzen wir lauschen. Nach und nach lernen wir die negativen Stimmen kennen und können sie identifizieren – und lernen, Gott mehr zu glauben als ihnen. Nach und nach werden wir so von innen her verwandelt.

Das geht jedoch nur, wenn wir wirklich vor Gott sind, wie wir sind. Wenn wir weiter versuchen, jemand anderer zu sein, verpassen wir die Chance, von ihm getröstet und verwandelt zu werden. Dann sind wir noch damit beschäftigt, Mauern um uns herum aufzubauen und zu verteidigen und mit schönen Fahnen zu schmücken. Gott aber nimmt uns hier, jetzt und so, wie wir sind. »Gott ist ein Gott der Gegenwart. Wie er dich findet, so nimmt und empfängt er dich, nicht als das, was du gewesen, sondern als das, was du jetzt bist«, so schreibt Meister Eckhart in seinen »Reden der Unterweisung«. Und indem Gott das tut, lernen wir es auch.

Hingeben

Es ist nicht Sache des Steines,
zu wissen oder gar zu bestimmen,
welche Wellen er schlägt,
und ob, wann und wo sie ans Ufer treffen.
Er wird nur geworfen.

Die Berufung zu einem kontemplativen Leben ist eine merkwürdige Sache. Zum einen ist man in einem solchen natürlich nie untätig. Denn auch im Kloster ist eigentlich immer zu viel zu tun. Und dennoch tun wir scheinbar nichts, was wichtig wäre, was irgendwie zählen würde. Wir gehen keinem Beruf nach, obwohl die Arbeiten in der Küche, Waschküche, im Büro, im Nähzimmer oder wo auch sonst natürlich schon Fähigkeiten eines Berufs erfordern. Im Maßstab der äußeren Welt zählen jedoch solch alltägliche Aufgaben wenig, da sie jeder in seinem Alltag vollbringen muss – von Buchhaltung oder Nähen einmal abgesehen.

Im kontemplativen Leben geht es auch gar nicht darum, tätig oder passiv zu sein oder nur zu beten und nicht mehr zu arbeiten, sondern jede Arbeit vom Gebet her zu begreifen und mit Gebet zu durchdringen. Und es geht darum, selbst nichts zu vollbringen.

Während meiner Berufungsklärung ging ich im frühen Frühjahr viel durch die Felder spazieren und betrachtete den Ackerboden, der zunächst noch ganz zerklüftet vom Pflügen war und später durchs Eggen schön glatt für die neue Saat vorbereitet wurde. Ich nahm dies wie ein inneres Bild wahr. Es ging in meinem Leben nicht darum, Frucht zu bringen. Ich weiß, ich habe oben geschrieben, dass man bei der Berufungsklärung schaut, ob etwas im Leben in Erfüllung geht und Frucht bringt. Hier geht es aber darum, dass das eigene Leben durchaus Frucht bringen kann, auch wenn es nicht direkt selbst die Frucht hervorbringt. Ich blieb also beim Bild des Bodens, der sich zur Verfügung stellt, der den nötigen Nährboden dafür liefert, dass etwas, das in ihn gesät wird, Frucht bringt. Es geht um die Hingabe. So wie Maria durch ihre Hingabe und Zustimmung Gottes Sohn empfangen konnte: »Mir geschehe, wie du es gesagt hast« (Lukas 1,38).

Ich muss zugeben, dass es meinem Ego zunächst nicht gefiel, bloß Ackerboden zu sein. Ich hätte gern selbst Frucht hervorgebracht oder wäre wenigstens gern der Pflug gewesen. Es war im Lauf der Zeit aber heilsam, hier auf die innere Stimme zu hören, die nun mal sagte, dass ich ein kontemplatives Leben führen sollte. Erst Jahre nach meinem Austritt aus dem Orden, als ich anfing, Bücher zu schreiben und diese dann sogar veröffentlicht wurden, begriff ich, dass mein Leben nach dieser Zeit des Brachliegens, Wartens und Werdens durchaus noch selbst Frucht bringen sollte. Denn das alles geschah nun mit einer Leichtigkeit, die ich früher nicht für möglich gehalten hätte. Welche Früchte aber mein Leben im Orden allein durch mein Sein im Gebet gebracht hat, werde ich vermutlich bis zum Ende meines

Lebens nie erfahren. Und das muss ich auch nicht. Hingabe ist Hingabe. Ganz egal, ob und wie Gott sich meiner bedienen will.

Die heilige »kleine« Therese von Lisieux hat das in ihrer Autobiografie »Geschichte einer Seele« mit einem Bild ausgedrückt. Sie wollte bloß ein Spielzeugball für das Jesuskind sein. Ob und wann er damit spiele, sei ja ihm überlassen, und sie sei auch zufrieden, wenn sie einfach wie der Ball unbeachtet in der Ecke läge, meinte sie. Ich finde ihre Sprache und Bilder meist sehr kitschig, was aber auch an der Zeit liegt, in der sie lebte. Diesen Gedanken fand ich jedoch sehr zielführend. Mein entsprechendes Bild dazu ist der Stein. Denn schließlich schlägt jeder Mensch einfach nur durch sein Sein Wellen und beeinflusst andere um sich herum. Lange Zeit dachte ich, das müsste ich unbedingt verhindern, weil ich immer meinte, ich dürfe nirgends anstoßen, niemanden vor den Kopf stoßen und unbeabsichtigt etwas tun, was andere stört oder verletzt. Aber wir beeinflussen uns immer gegenseitig, ob nun absichtlich oder unabsichtlich. Und auch das ist gut so.

Diese Hingabe versuchte ich nun also hinter den Klostermauern zu leben. Ich übte sie täglich im ganz Alltäglichen und manchmal ganz und gar in meinem Unvermögen, wenn die Schmerzen oder die Erschöpfung sogar zum stillen Gebet in meiner Zelle zu groß waren. Dann gab ich mich Gott, wie ich eben war, mit dem Wenigen, das ich ihm anzubieten hatte. Davon ahnten meine Schwestern nie etwas. Vermutlich wäre ich sonst auch nicht zur Profess zugelassen worden, weil ich das durchstrukturierte Leben im Kloster mit seinen vielen Arbeits- und Gebetszeiten nicht schaffte, was schließlich nach meiner ersten Profess mit ein Grund für meinen Austritt war.

Aber so kam dann eines Tages tatsächlich der Tag der Profess: Ich durfte die zeitlichen Gelübde ablegen, also für drei Jahre Gehorsam geloben. Nach Ablauf dieser Jahre sollte wieder entschieden werden, ob ich den Orden verlassen, diese zeitlichen Gelübde erneuern oder schließlich die ewigen Gelübde ablegen würde.

So eine Profess vollzieht sich nach einem sehr feierlichen Ritual. Unter anderem kommt dann der Moment der sogenannten Prostratio, wenn die Nonne, die die Gelübde ablegt, sich zur Hingabe niederwirft und in Kreuzform ausgestreckt auf dem Boden liegt, das Gesicht nach unten, die Arme ausgebreitet. Währenddessen läuten die Glocken und die Schwestern stehen im Chorgestühl um sie herum, beten die Allerheiligenlitanei und rufen so alle Heiligen, insbesondere den Ordensgründer und die Namenspatronin der Nonne um Fürbitte an.

Als ich so mit der Nase auf dem Teppich lag, der dafür extra frisch gesaugt ausgelegt worden war, schien es mir, als bebe der Boden, so sehr zitterte ich. Und mir blieb nichts anderes übrig, als mich fallen zu lassen ins Gebet der Schwestern und mich davon tragen zu lassen.

Diesen Moment kann man nicht ungeschehen machen, und echte Hingabe kann man nicht zurücknehmen. Auch dann nicht, wenn man später wieder aus dem Orden austritt. Hingabe gilt ganz. Wie sollte man auch Hingabe erfüllen mit dem Vorbehalt, etwas zurückzuhalten oder das Ganze nur auf Zeit zu meinen? Ich war mir natürlich bewusst, dass es um die zeitlichen Gelübde ging, aber ich hatte ja vor, ewig zu bleiben, und nahm dies als notwendigen nächsten Schritt auf meinem Lebensweg, wie auch immer der aussehen würde.

Ich glaube, es geht genau darum: um die Hingabe im Leben, an das Leben. Egal, wie das aussehen mag. Ich weiß nicht, ob man »Kloster auf Zeit« geplant für eine bestimmte, vorher festgelegte Zeit so leben kann, dass man dabei lernt, was man lernen will und soll. Ich glaube, dass sich das Leben erst zeigt und erfüllt, wenn man sich seinem Fluss anvertraut. Und den kann man vorher nicht kennen. Man kann eigentlich nichts anderes tun, als sich dem jeweiligen Moment hinzugeben, denn wenn wir ehrlich sind, wissen wir nicht einmal, was in der nächsten Sekunde passieren wird. Wir würden es gern planen können, und manches Unglück schaffen wir uns selbst, weil ein solcher Plan nicht aufgeht.

Nicht umsonst raten einem die Weisen dieser Welt, das Leben im Hier und Jetzt zu führen. Das ist nicht leicht, und natürlich brauchen wir ein Ziel und einen Wegweiser auf unserem Lebensweg. Und auch Helfer. In den Jahren im Orden und auch in der Zeit danach bis heute war und ist der heilige Dominikus mein Ordensvater, Vorbild, Lehrer, geistiger Beistand und Fürsprecher bei Gott. Jeden Abend sangen wir die besondere Antiphon zu ihm, und ich singe sie immer noch gern.

O lumen Ecclesiae,
doctor veritatis,
rosa patientiae,
ebur castitatis,
aquam sapientiae
propinasti gratis,
praedicator gratiae,
nos junge beatis.

O Licht der Kirche,
Lehrer der Wahrheit,
Rose der Geduld.
Du strahlst in keuscher Klarheit,
liebevoll spendest du
Wasser der Weisheit.
Prediger der Gnade,
führ uns den Seligen zu.

Erfüllen

Einmal wird die Zeit kommen,
da werde ich Dir nach meinem »Magnificat«
auch mein »Benedictus« singen.
Ich werde Dich preisen,
dass Du mich befreit hast aus der Hand
meiner Feinde.
Ich werde Dich preisen
vom Grund meiner Seele.

Jetzt bin ich erst am Absturz,
lasse die inneren Fesseln los
und falle,
falle durchs Dunkel,
durchs Schweigen und Nichtwissen
und doch Hoffen im Glauben,
vielleicht sicherer als jedes gefühlte Wissen
in Verstehen, Erfahren und Erkennen,
weil es zu Dir führt
und Du es seit alters her verheißen hast.
Doch erst falle ich
vorbei an all den Sicherheitsleinen,
die wir so gern ergreifen,
um das eigene kleine Selbst zu retten.
Das Reden, Erklären und Entschuldigen,

das Wissen und Verstehen,
das Können und Vollbringen,
die Selbstbestätigung und die der anderen.
Aber auch vorbei an den Gefühlen
von Angst und Ohnmacht,
Trauer und Selbstmitleid
und verärgertem Widerstand.
Das ist alles nicht wichtig.
Wichtig ist nur, dass ich falle.
Bis zum Grund.
Und befreit werde ich Dir furchtlos dienen
vor Deinem Angesicht all meine Tage.
Vielleicht darf ich etwas von Deinem Licht
zu den Menschen tragen
in der Erfahrung Deines liebevollen Erbarmens,
Deiner Vergebung und Deines Heils.

Ich hielt lange an meiner Entscheidung fest. Zu lange vermutlich. Ich wollte aber zu meiner Lebensentscheidung und zu meiner Hingabe stehen. Doch die Anzeichen dafür, dass dies nicht mein Weg für immer sein sollte, wurden immer deutlicher. Ich wurde immer kränker.

Und so, wie ich vorher aus meinem Beruf katapultiert worden war, wurde ich schließlich aus dem Orden katapultiert. Ich ließ auch hier meinen eigenen Willen los, unbedingt im Kloster bleiben zu wollen, und stand zu dem, was nun mal mein Leben war. So ging es jedenfalls nicht weiter. Ich gab auf und warf mich damit einmal mehr ganz in Gottes Hand. Denn einen neuen Plan hatte ich natürlich nicht. Ich hatte überhaupt nichts mehr: keine Wohnung, keinen Job, kein Geld, keine Ahnung, wie und wo es weitergehen sollte, nicht einmal Kleidung.

Meine Schwestern ließen mich natürlich nicht im Stich und statteten mich für den Neustart aus, aber dann kam der abrupte Übergang, der Schritt zurück in die Welt. Für den Weg ins Kloster hatte ich mir zwei Jahre lang Zeit gelassen, der Weg hinaus dauerte bloß drei Monate. Und so schlug ich wieder in Berlin auf, wo ich geboren worden war, und wohnte die ersten Monate bei meiner Mutter.

Es war mir alles fremd geworden: die Stadt, die Lautstärke, die Hektik, die Menschenmenge und vor allem die Kleidung. Ich war keine Hosen und auch keine Farben mehr gewohnt. Ich ging erstmals wieder zum Friseur und musste mich ganz neu finden, herausfinden, was ich mag und wie ich sein wollte. Es war aber auch sehr interessant, einmal sozusagen als Außenstehende einen Blick auf das Leben zu werfen, wie es für die meisten Menschen ganz alltäglich ist: reizüberflutet und voller Dinge, mit denen ich in den letzten vier Jahren rein gar nichts zu tun hatte, ohne dass ich sie vermisst hätte. Vor allem die völlig überzogenen Werbeplakate fielen mir auf. Hier wurde ein Menschenbild gezeichnet, mit dem ich so gar nicht einverstanden sein konnte.

Nach den ersten schwierigen Monaten knüpfte ich wieder gut an das Leben an, das ich schließlich mehr als drei Jahrzehnte lang vor den Jahren im Kloster gelebt hatte. Nun erschienen mir plötzlich die vier Jahre als Nonne vollkommen fremd. Ich musste Fotos anschauen, um mich zu vergewissern, dass ich tatsächlich einmal als Nonne gelebt hatte. Diese Jahre dockten an nichts aus meinem bisherigen Leben an. Sie waren wie ein Puzzleteil, das nirgends zu passen schien. Es dauerte Jahre, bis ich für mich einen eigenen Rhythmus des Gebets gefunden hatte, und wenn ich ehrlich bin, ringe ich noch immer damit, diesen Rhythmus allein aufrechtzuerhalten.

Oft genug gelingt es nicht, weil anderes wichtiger scheint, das Telefon klingelt, ein Termin nicht anders zu legen war – was ich oftmals nicht einmal versucht habe – oder ich schlichtweg den Kampf gegen den inneren Schweinehund verliere. Und doch würde ich sagen, dass ich meine Jahre als Nonne nun in mein Leben integriert habe. Dabei bin ich mir gar nicht sicher, wie mich diese Jahre geprägt haben, was ich gelernt und übernommen habe. Vieles habe ich auf andere Art und Weise gelernt, als ich es mir vorgestellt oder gewünscht hätte, aber ich habe es gelernt. Und mir zu eigen gemacht.

Schließlich blieb aber die Frage: War es das dann mit der Berufung? War es ein erneutes Scheitern? Wieder eine neue Abzweigung in meinem Leben statt des ersehnten Ankommens? Oft genug fragte ich Gott ganz direkt: Sag mal, hast Du es jetzt endlich mal?!

Ich habe ein paar Jahre gebraucht, um zu begreifen, dass es nicht ums Ankommen geht. Es geht um das Leben in Gott. Und das ist immer im Fluss. Die Hingabe erfordert ein offenes Herz und offene Ohren und die Bereitschaft, nicht mehr zu wissen, als gerade nötig ist. Vom Jesuiten Teilhard de Chardin, den ich sehr schätze, stammt folgender schöner Satz, den ich immer als eine Art Leitfaden verstanden habe: »Schenke unserem Herrn Vertrauen und denke, dass seine Hand dich gut durch die Finsternis und das Werden führen wird – und nimm aus Liebe zu ihm die Angst auf dich, dich im Ungewissen und gleichsam unfertig zu fühlen.« Mein Leben bleibt unfertig und vollendet sich erst dann, wenn Gott es vollendet. Aber ich lebe es Tag für Tag und bin damit genau da, wo ich hingehöre. Noch ist vieles nicht erlöst, und noch ringe ich mit vielem. Aber ich übe mich täglich in der Annahme und Liebe zu Gott, zu den Mitmenschen und zu mir selbst.

Und jetzt?

Ohne mir anmaßen zu wollen, ich wüsste, wie man eine geistliche Gemeinschaft gründet und zusammenhält, denke ich an dieser Stelle einmal darüber nach, wie ein »Kloster auf Zeit« möglich werden könnte. Diese Gedanken sind als Diskussionsgrundlage gedacht, die natürlich bei einer Umsetzung im Detail noch weiter ausgearbeitet oder auch angepasst werden müssten. Sicher habe ich nicht alle Bereiche und zu regelnden Dinge bedacht, die sich vielleicht erst im Konkreten auftun werden. Dennoch ist es mir wichtig, diese Diskussion hier einmal anzustoßen.

Ich denke nämlich, dass ein solches Klosterleben viele Menschen ansprechen würde und eine wertvolle Etappe in ihrem Leben sein könnte. Es scheint nicht mehr die Zeit zu sein, dass man sich auf ewig verpflichten will oder kann. Und vieles, was die frühe Klostertradition mit sich bringt, scheint nicht mehr zeitgemäß und schreckt sicher auch ab. Dabei hat diese abendländische Lebensform und Tradition enorme Schätze zu bieten, die nicht verloren gehen dürfen, sondern in die Zukunft gerettet werden sollten. Nur muss man genau hinschauen, was zu bewahren ist und was man getrost über Bord werfen kann.

Dabei ist es vermutlich gut, dass ich zwar einige Jahre, aber eben nicht zu lange in einem Kloster gelebt habe, sodass mir sozusagen der Blick von außen erhalten blieb. Bei vielen Ordensleuten findet man nämlich eine ziemliche Verfestigung darauf, wie das Leben im Kloster zu sein hat, weil es schließlich schon immer so war. Dass sich die Welt jedoch verändert hat und damit natürlich auch die Menschen in ihr, scheinen viele zu vergessen oder nicht wahrnehmen zu wollen. Es gibt aber schlichtweg keine Instanz, die vorschreiben würde, wie ein Klosterleben zu sein hätte. Jede Gemeinschaft lebt nach einer Regel und gibt sich bestimmte Konstitutionen, es steht jedoch nirgends geschrieben, dass diese nicht auch geändert werden könnten. Natürlich wurde auch in den vielen Jahrhunderten, die es das Klosterleben jetzt schon gibt, immer wieder erneuert und reformiert, vor allem, wenn das Leben im Kloster zu lasch und verweltlicht geworden war, jedoch steht nun vielleicht eine viel grundsätzlichere Reform an, weil sich das Leben innerhalb der letzten hundert Jahre vermutlich stärker verändert hat als jemals zuvor. Es geht darum, wie der moderne Mensch, der so frei ist wie noch nie in seiner Geschichte und sich nicht mehr leicht etwas sagen lassen will, reifen und wachsen kann und dazu die notwendige Führung erhält, um in seinem Inneren die Antworten auf all die Fragen zu finden, die ihm die Welt mit allen ihr zur Verfügung stehenden Möglichkeiten doch nicht geben kann.

Andererseits stellen sich dann auch folgende Fragen: Wohin so lange mit dem eigenen bisherigen Leben? Lässt sich ein Leben so einfach aussetzen, pausieren, in Kisten packen und irgendwo parken, um dann wieder neu daran anzuknüpfen? Und was ist mit dem Job? Kann man den einfach aufgeben? Und dann einfach wieder aufnehmen?

Wer finanziert so eine Auszeit? Klar, im Kloster kann man mitarbeiten, sozusagen für Kost und Logis. Aber wer finanziert das Parken des restlichen Lebens? Wenn man hier weiterdenkt, kommt man auch auf die Frage: Will man denn danach überhaupt so weitermachen wie bisher? Ist man nicht auf der Suche nach einem »mehr«? Wieso also den Rest »parken«? Ich möchte versuchen, auf diese und weitere Fragen im Folgenden eine mögliche Antwort zu finden.

Ich beginne meine Betrachtung dazu, wie ein modernes Kloster aussehen könnte, einmal mit dem Blick darauf, was ein Kloster eigentlich ausmacht: Es ist das aneinander und miteinander Wachsen, das gemeinsam Unterwegssein zu Gott und damit zu den Menschen und zu sich selbst. Auch wenn man eine Gemeinschaft »ideal« zusammenstellt, wird es die dazu notwendige Reibung geben, da es immer Menschen sind, die sich da zusammentun, und jeder bringt sich selbst mit, mit allen Ecken und Kanten. Und das ist gut so.

Wie ich aber bereits eingangs geschrieben habe, ist ein »Kloster auf Zeit«, das von Anfang an als solches gedacht ist, grundlegend von einer lebenslangen Bindung zu unterscheiden. Zuerst könnte man meinen, dass »auf Zeit« die Hingabe nicht ganz vollständig ist, dass man hier etwas von sich zurückbehält, in dem Wissen, dass man ja jederzeit wieder gehen kann. Dabei fordert es aber von allen Beteiligten eigentlich ein Mehr an Hingabe ein, und zwar einer Hingabe an das Leben, das man nie planen kann, obwohl wir uns das nur selten eingestehen. Selbst Benediktinermönche oder -nonnen, die sogar ein Gelübde auf die *stabilitas*, die Beständigkeit, also das fortwährende Leben im gleichen Kloster ablegen, können nicht wissen, zu was sie das Leben herausfordern wird und ob zum Beispiel ihr Kloster wegen Nachwuchsmangels aufgelöst werden muss oder auch nur ganz profan umgebaut und umgezogen werden muss. Die Sicherheit, die ein Kloster scheinbar bietet (und vielleicht auch für viele ein Grund ist, weshalb sie dort leben wollen), ist also hier nicht höher als in einem Leben »außerhalb der Mauern«. Wenn man sich heutige Entwicklungen in den Klöstern anschaut, ist sogar meist das Gegenteil der Fall, weil in vielen Gemeinschaften gerade durch den Nachwuchsmangel nicht mehr klar ist, wie es in naher Zukunft weitergeht.

Wenn man also in einem »Kloster auf Zeit« lebt, kann mit den Neulingen nicht mehr die Hoffnung auf ein Weiterbestehen verknüpft werden. Hier ist mir ein Aspekt wichtig, der allerdings wirklich nicht leicht umsetzbar ist: Es dürfte nicht im Vorhinein geplant werden, wie lange jemand bleibt, und zwar ganz einfach deshalb, weil das Leben und ein geistlicher Prozess so nicht funktionieren und man damit zu viel selbst bestimmt. Für das Wachstum muss zudem der zeitliche Druck wegfallen, man müsse dann und dann damit fertig sein. Es müsste offen bleiben können, wann man wieder gehen möchte. Dazu ist ein viel wacheres Dasein von allen Beteiligten nötig, um im Moment zu leben und bereit zu sein, alle Veränderungen mitzutragen. Viele heutige Ordensgemeinschaften erleben am eigenen Leib, wie hart es ist, Klöster aufzugeben, weil der ersehnte Nachwuchs ausbleibt oder wieder austritt. Eine Gemeinschaft, die von Anfang an bereit ist, das ganze »auf Zeit« zu sein, muss im Bewusstsein haben, dass es hier um das ganz individuelle Wachstum jedes Einzelnen geht, der die Gemeinschaft verlässt, wenn es für ihn Zeit ist. Und das ohne jeden Egoismus oder Egotrip. Das ist wiederum die Herausforderung für den Einzelnen. Denn er oder sie muss sich so lange voll zur Verfügung stellen, wie es stimmig ist, ohne sich zu bequem von der Gemeinschaft tragen zu lassen oder vorschnell auszutreten, weil es unbequem wird. An dieser Stelle wird auch etwas anderes Wichtiges deutlich: Ein Grund, wieder zu gehen, ist die Einsicht, dass das Klosterleben nichts für einen ist, was aber immer den Beigeschmack von »nicht gut genug« hat und oft für viel Leid sorgt. Man kann jedoch auch wieder gehen, weil es Zeit ist und man gelernt hat, was man lernen wollte und sollte. Dann ist dieser Abschied kein schmerzhaftes Scheitern oder gar ein Rauswurf, sondern ein Übergang in die nächste Lebensetappe, den alle mit Freude gestalten können.

Für das innere, lebendige Wachstum wäre es also angemessener, allerdings auch eine viel größere Herausforderung für die Betroffenen, alles offen zu lassen. Da aber die Menschen, die in ein solches »Kloster auf Zeit« kommen möchten, aus einem wie auch immer geordneten Leben aussteigen und eventuell auch einmal wieder daran anknüpfen möchten, ist ein völliges Offenlassen der Bleibedauer in der Gemeinschaft wohl schwierig. Es wäre denkbar, im Vorfeld Zeiten von jeweils einem Jahr zu verabreden und diese immer wieder zu verlängern, wenn es gewünscht ist. Auch im traditionellen Ordensleben bindet man sich ja nicht sofort für ewig, sondern durchläuft Phasen von Kandidatur, Postulat, Noviziat bis hin zu den zeitlichen Gelübden, die alle jeweils für eine bestimmte Zeit festgelegt werden. Erst, wenn der Mönch oder die Nonne bereit für die ewigen Gelübde ist, gibt es keine zeitliche Begrenzung mehr. So wäre es hier zum Beispiel zu überlegen, mit dem Arbeitgeber eine Sabbatzeit oder eine gesammelte Fortbildungszeit zu vereinbaren, in der der bisherige Job ruht, aber danach wieder aufgenommen werden kann. Man könnte dazu auch mit den Sozialversicherungsträgern Einigungen finden, wie die notwendigen Beiträge beispielsweise mit einem Mindestsatz weiterlaufen könnten.

Es wäre zudem zu überlegen, womit man den Eintritt in eine solche Gemeinschaft verbindet, um diesen Schritt mit gründlicher Überlegung und Vorbereitung und der nötigen Konsequenz zu gehen. Es geht nicht um eine Flucht vor der Welt, kein bequemes Unterschlüpfen, weil man seinen Platz in der Welt nicht finden kann, und auch nicht um eine WG oder betreutes Wohnen gegen die Einsamkeit. Es geht um die bewusste Entscheidung, sich auf den Weg zu Gott zu machen, der nun mal durch die Wüste führt und sehr hart und schmerzhaft sein kann und eine Menge an Durchhaltevermögen und Bereitschaft zur Wandlung braucht, aber eben der eigenen inneren Bereicherung dient. Das sollte etwas wert sein. So könnte der Eintritt mit der Zahlung eines Eintrittsgeldes verbunden werden, das man vorher anspart und der Gemeinschaft für diese Zeit zur Verfügung stellt, ebenso wie die eigene Arbeitskraft und Berufserfahrung. Für Fälle, in denen sich jemand ein solches Eintrittsgeld nicht leisten kann, könnte ein Fonds angelegt werden, aber es müsste deutlich werden, dass man in dieser Zeit nicht nur profitiert, sondern auch etwas von sich gibt.

Dabei dürfte es in der Gemeinschaft keine Rangordnung geben, sondern schlichtweg ein Miteinander auf dem gleichen Weg, auf dem jeder dem anderen dient. In regelmäßigen Abständen sollte es daher einen Austausch aller Mitglieder geben, unabhängig davon, wann sie gekommen sind. Zudem sollte es keinen Unterschied zwischen den Alten und den Jungen geben. Die Einschätzung der Jungen sollte genauso ernst genommen und in die Betrachtung mit einbezogen werden wie die Erfahrung der Älteren. Jeden Abend sollte es eine gemeinsame Besinnung über den Tag geben, mit Dank für das Gelungene und der Bitte um Vergebung für das Misslungene, und zwar unter den Mitgliedern genauso wie vor Gott. Die Gemeinschaft sollte regelmäßig zusammenkommen und betrachten, wo sie als solche steht, ob jemand gehen möchte, jemand Neues kommt, ob die gemeinsame Ausrichtung stimmt oder etwas verändert werden muss. Eine solche Gemeinschaft bräuchte vermutlich eine Supervision von außen, die die Prozesse unvoreingenommen und mit Abstand im Blick hat und begleitet.

In einer solchen Gemeinschaft wäre es nicht mehr möglich und auch nicht hilfreich, die drei typischen monastischen Gelübde der Armut, Ehelosigkeit und des Gehorsams abzulegen. Die Armut ergibt sich bereits von selbst, wenn jedem Mitglied bewusst ist, dass es in einer Gemeinschaft lebt, in der alles geteilt wird, und es darum geht, innere Laster wie Habgier, Neid und Maßlosigkeit loszuwerden. Die Ehelosigkeit würde entfallen, da ich mir durchaus vorstellen kann, dass auch Eheleute von einer solchen Auszeit im Kloster profitieren möchten. Und den Gehorsam müsste man neu – oder auch ganz alt – definieren: Es geht um den Gehorsam gegenüber Gott. Im traditionellen Klosterleben leistet man stellvertretend für Gott dem Oberen gegenüber Gehorsam. Jedoch finde ich es, wie oben schon erwähnt, immer ein Wagnis, sich diesem als einem Menschen anzuvertrauen. Ich finde es weit sinnvoller, tiefgreifender, aber auch wesentlich schwieriger, sich dem Gehorsam Gott gegenüber in Form des eigenen Gewissens und den Beschlüssen der ganzen Gemeinschaft unter Führung des Heiligen Geistes anzuvertrauen. Das erfordert von allen viel mehr Achtsamkeit auf das eigene Innere und die Führung Gottes und zugleich viel mehr Verantwortung für die eigenen Entscheidungen, um als freier Mensch vor Gott zu stehen.

Was aus der alten Tradition aus meiner Sicht unbedingt erhalten oder wieder neu hinzugenommen werden sollte, wo es bereits abgeschafft war, ist das sogenannte Schuldkapitel. In einem solchen traf sich die Gemeinschaft unter Führung des Oberen im Kapitelsaal, dem Versammlungsort einer Klostergemeinschaft, und jedes Mitglied konnte unter Niederwerfung auf den Boden seine Fehltritte anzeigen oder wurde vor der gesamten Gemeinschaft vom Oberen angeklagt. Anschließend wurde eine Buße zur Wiedergutmachung verhängt. In seiner alten Form gehört das Schuldkapitel sicherlich aussortiert, weil es in vielen Fällen zu Machtmissbrauch führte oder aber in Gegenwehr von der jungen Generation nicht mehr ernst genommen wurde, wenn zum Beispiel eine Novizin mit einer bei der Gartenarbeit zerbrochenen Harke kichernd auf dem Boden lag. Jedoch fehlt vielen Gemeinschaften heute eine angemessene Form, mit Konflikten, Fehlern und eigener Schuld umzugehen. Dabei gehört das zu einem geistlichen Leben unbedingt dazu, und es reicht bei Weitem nicht, bloß zur Beichte zu gehen. Ich habe selbst erlebt, wie schlimm es ist, in der Gemeinschaft Konflikte nicht direkt klären zu können. Natürlich ging ich regelmäßig zur Beichte, so wie der restliche Konvent auch. Ich schaute meine eigenen Anteile an und brachte sie voll Reue vor Gott. An den Schwierigkeiten untereinander änderte das jedoch nichts. Die Konflikte blieben, und eigentlich hätte ich jedes Mal das Gleiche beichten können, weil ich auf der Stelle trat. Wie wohltuend wäre ein ehrlicher Austausch darüber gewesen, der dann auch die Chance zur Klärung und zur wirklichen Versöhnung mit sich gebracht hätte!

Eine gesunde Gemeinschaft müsste zunächst anerkennen und aushalten, dass es Konflikte gibt. Die gehören nun mal zum Menschsein dazu, weil keiner perfekt ist. Es wäre Hochmut und einem geistlichen Leben ganz und gar unzuträglich, zu behaupten, man wäre frei davon. Aber es ist notwendig, sich dem Schmerz der eigenen Anteile zu stellen und dann auch um Verzeihung zu bitten, wo es nötig ist. Und zwar nicht nur Gott, sondern eben auch den oder die anderen, so wie es zum Beispiel die Ordensregel des heiligen Augustinus im Kapitel 6.1 und 2 vorsieht. Und doch wird diese Praxis in vielen Klöstern nicht mehr angewandt. Dabei muss die Gemeinschaft selbst an Konflikten wachsen und reifen können, um wirklich in Liebe, wie ein Herz und eine Seele auf dem Weg zu Gott zu sein. Dazu würde ich am Ende jedes Tages eine kurze, gemeinsame, stille Gewissenserforschung einführen, die mit einer Bitte um Vergebung für alles Misslungene und dem Dank für alles Gelungene endet und den Tag in Frieden abschließt, sodass dann auch die Nacht in Ruhe und ohne Sorgen oder gar Groll verbracht werden kann, und am Morgen ein neuer Tag einen neuen Anlauf bringt. Zusätzlich würde ich ein »Besserungskapitel« einführen, in dem Missstände und Konflikte offen angeschaut und geklärt werden können.

Neben dem geistlichen Leben ist die körperliche Gesundheit natürlich ebenso wichtig und nicht etwa zweitrangig. Bei aller Armut und Sparsamkeit sollte es ein einfaches Essen geben, das jedoch gesund und nahrhaft ist. Idealerweise sollten alle Lebensmittel saisonal passend aus ökologischer Landwirtschaft stammen, um auch die Schöpfung zu ehren und achtsam mit ihr umzugehen. Beim Essen wie bei allem anderen ist das richtige Maß zu beachten und mit der notwendigen Reflektion zu verbinden, ob die Lust auf etwas zu essen nicht ein anderes Bedürfnis verdeckt, das zu kurz kommt, zum Beispiel die Sehnsucht nach Gemeinschaft oder nach Nähe.

Das Maßhalten sollte genauso für die Arbeit wie für alle anderen Bereiche gelten. Das Leben im Kloster soll ausgewogen sein. Sport, Entspannung und ausreichende Bewegung an der frischen Luft dürften nicht fehlen. Aus meiner Erfahrung ist es aber sehr wichtig, auch allein und im Schweigen in der Natur draußen sein zu dürfen, um den Kopf freizubekommen und Dinge tiefer zu betrachten sowie das nicht-wertende Schauen für die Kontemplation zu üben.

Ebenso würde ich eine Technik wie Qigong, Tai-Chi oder Yoga zur Ausrichtung, Kräftigung, Konzentration und inneren Sammlung und Entspannung empfehlen. Ich finde, hier kann die westliche Tradition ruhig auch die Weisheit anderer Traditionen nutzen und anerkennen. Der heilige Dominikus zum Beispiel betete noch unter Einbeziehung des ganzen Körpers, aber heute kommt das leider oft zu kurz, gerade in den Klöstern. Die westliche Tradition scheint den Körper als Tempel des Heiligen Geistes vergessen zu haben. Manche Christen scheuen sich jedoch noch immer davor, Techniken aus anderen religiösen Zusammenhängen zu erlernen, da sie fürchten, sie würden sich so auf eine andere Weltanschauung einlassen. Ich persönlich sehe das anders: Für mich ist die Welt ein Ganzes und es gibt nur einen Gott. Es gibt nichts außer Gott. Aber er offenbart sich auf verschiedene Arten und Weisen. Und es ist wichtig, dass wir auch unseren Körper durchlässig halten und pflegen und achtsam mit ihm umgehen, damit unser Beten uns wirklich als ganze Menschen einschließt. Wir können nicht mit reinem, aufrichtigem Herzen beten und unsere Herzen zu Gott erheben, wenn unser Körper in sich verkümmert und zusammengesackt ist. Zudem gehört das Loslassen auf der Körperebene unbedingt zum Gebet und zur Hingabe dazu. Eine gute körperliche Fitness und ein Training in Achtsamkeit, Konzentration, Koordination und Gelassenheit sind aus meiner Sicht also unerlässlich.

Die täglich anfallenden Arbeiten würde ich wöchentlich rotieren lassen, wie es zum Beispiel die Benediktsregel vorsieht. Unter 35,15 heißt es da: »Die Brüder, die den Wochendienst beginnen und die ihn beenden, sollen sich am Sonntag gleich nach dem Morgenlob im Oratorium tief vor allen verbeugen und um das Gebet für sich bitten.« Auch die anderen Dienste sollten in dieser Weise übergeben werden. So könnte sich keiner an einer Tätigkeit festklammern und Bereiche als seine eigenen abstecken, und jeder hielte sich vor Augen, dass er seine Aufgabe nicht aus sich selbst heraus zu tun vermag, sondern nur mit der Hilfe Gottes. Zudem müsste jedes Mitglied der Gemeinschaft regelmäßig abwechselnd alles Notwendige tun: Kochen, Waschen, Bügeln, Putzen, Garten- und Büroarbeit und was sonst notwendig ist. Alle wären in ihrem Status gleich, und es täte sicher jedem gut zu erleben, was die anderen an

Arbeit leisten müssen. Es gäbe keine festen Ämter, sondern nur wechselnde Dienste. Aufgaben, die eine besondere Ausbildung erfordern, würde ich vom Rotationsprinzip ausnehmen und an Außenstehende vergeben.

Wenn das Notwendige zeitlich gut abgedeckt ist, kann jedes Mitglied zusätzlich nach seinen eigenen Fähigkeiten Arbeiten verrichten, die der Gemeinschaft als Ganze zugutekommen. Dann müssten solche Fähigkeiten nicht brachliegen, sondern könnten ebenfalls Nutzen bringen. Es ist jedoch auch wichtig zu bedenken, das jedes einzelne Mitglied zwar eigene Talente hat, die ihm aber geschenkt wurden und nicht sein Verdienst sind. Daher ist niemand aus der Gemeinschaft besser oder schlechter als ein oder eine andere, und jeder sollte einfach zum Nutzen aller einsetzen, was er hat und kann. Wenn nicht genügend Mitglieder da sind, fallen solche Sonderaufgaben weg, und die Gemeinschaft muss sich auf das Wesentliche besinnen, das getan werden muss, und als solche Arbeit gerecht auf alle aufgeteilt wird. Alte oder Kranke würden natürlich besonders berücksichtigt. Gerade hier wäre ein regelmäßiger ehrlicher Austausch nötig, um zu besprechen, wer was erledigt, ob jemand Hilfe benötigt, was vordringlich ist und was gegebenenfalls neu hinzukommen kann.

Wenn ich mir abschließend alles Gesagte noch einmal durch den Kopf gehen lasse, bin ich schon recht zufrieden und würde eine solche Gemeinschaft gern in der »Erprobung« sehen. Es gibt allerdings zum Schluss noch einen »Pferdefuß«: Es wird mir nämlich immer klarer, dass »Kloster auf Zeit« eigentlich gar nicht geht, obwohl es für mich bisher ganz gut und durchdacht klingt.

»Kloster« geht nicht, weil sich der Begriff vom lateinischen *claustrum* herleitet, was so viel wie »verschlossener Ort« heißt. Es kann aber in der heutigen Zeit nicht mehr um einen abgeschlossenen Bereich gehen. Früher war dies zur Sammlung und natürlich auch zur Sicherheit nötig. Heute jedoch kann man niemanden mehr in die Klausur hinter Klostermauern »einsperren«. Es wäre auch nicht mehr förderlich, um wirklich die innere Klausur zu lernen, die eigentlich im Fokus steht. Wer diese innere Sammlung gefunden hat, benötigt zudem keine äußere Klausur mehr. Und die äußere Klausur ist nicht mehr das Hilfsmittel oder gar der Garant dafür, dass man diese innere Sammlung findet. Früher trug man das Ordensgewand, den Habit (von lat. *habitus* = Gewohnheit, Umgangsform, Auftreten, Gehaben) bewusst als Ausdruck des Inneren und auch zur Erinnerung daran, so zu leben. Aber wer sich dies wirklich zu eigen gemacht hat, muss ihn nicht mehr äußerlich tragen.

Zudem ist ein geistliches Leben in der heutigen Zeit vielleicht anspruchsvoller geworden, vielleicht aber in manchen Punkten auch zu bequem. Die äußeren Umstände sind nicht mehr so hart, und man könnte im Kloster ganz gemütlich leben, besonders, wenn man sich dem »inneren Schmelztiegel« entzieht, Konflikte scheut und nicht mehr ehrlich anschaut, wo es hakt und wo die Entwicklungsaufgaben liegen. Vor allem aber ist das alltägliche Leben »draußen« so viel komplexer geworden, und man kann sich dem auch als geistlicher Mensch nicht vollständig entziehen und muss damit fertig werden. Denn es birgt riesige Chancen, daran zu wachsen und letztlich die ganze Gesellschaft mitzugestalten. Wenn man also »die Welt« mit hineinlässt in das tägliche Ringen und Beten, sich wirklich damit auseinandersetzt und sich davon berühren lässt, könnte das viel Frucht bringen. Ein »Kloster« hat aber die Mauern der Klausur um sich, die die Welt nicht hineinlassen und einen selbst nicht hinaus. Man kann zwar im Gebet zutiefst mit der Welt verbunden sein, jedoch sind viele Gemeinschaften in sich doch sehr abgeschottet und kochen nur im eigenen Saft.

Zudem ist dieses Hilfsmittel, das einen vor Ablenkungen schützen und einem helfen sollte, die innere Stille und die Gemeinschaft mit Gott zu finden, kein Garant dafür, innerlich nicht doch zutiefst einsam zu sein. Die frühen Mönche (vom altgriechischen Substantiv *monachós* und dem Adjektiv *mónos* = allein) haben noch gelernt, dass allein zu sein nicht bedeutet, einsam zu sein. Heute leiden viele Menschen mitten unter der Menge unter großer Einsamkeit, weil sie einander in der Tiefe nicht mehr berühren. Über diese Einsamkeit tröstet man sich dann häufig mit Konsumgütern und Komfort hinweg und deckt sie mit zahlreichen Kontakten in den sozialen Medien zu. Sie bleibt aber bestehen, und auch jene, die ins Kloster eintreten, tragen diese Wunden in sich und nehmen sie mit hinein in die Klausur. Hier hätte die Klostertradition sehr viel Lehrreiches anzubieten, aber es müsste offen damit umgegangen werden, und zwar drinnen wie draußen.

Als ein weiteres Beispiel kann hier auch der Zölibat dienen, ohne das Fass der Diskussion über diesen strittigen Punkt wirklich aufzumachen: Im Kloster, wie wir es bisher kennen, soll es natürlich möglichst wenig Reize geben, die einem das Leben im Zölibat erschweren. Man übt Enthaltsamkeit, auch mit den Blicken und den anderen Sinnen, und liest keine Literatur, die sich mit romantischer Liebe befasst oder schaut keine derartigen Filme. Dabei ist es dann schon »verboten«, selbst gute Freunde beim Besuch zu umarmen, was aus meiner Sicht einfach unnatürlich ist. Wenn jedoch Besucher zu den Gebetszeiten kommen, die zum Beispiel Parfum oder Rasierwasser tragen oder etwas freizügiger gekleidet sind als die Ordensmitglieder im Habit, haut es einen schlichtweg um, mit welcher Wucht plötzlich die Sinne angesprochen werden, und bei gelegentlichen Ausflügen in die Welt ist man zudem erschüttert über die Anzüglichkeit in der Werbung und in den Medien. Nach meinem Austritt ist es mir noch einmal deutlicher aufgefallen, mit welcher Selbstverständlichkeit wir alle in einer unglaublich sexualisierten und oft genug sexistischen Welt leben. Man ist im Kloster davor geschützt, hat sich aber nicht wirklich damit auseinandergesetzt. Es ist jedoch nicht hilfreich, den Zölibat anzuprangern, weil er nicht zeitgemäß, unnatürlich und vor allem Schuld sei an den schrecklichen Fällen sexuellen Missbrauches. Denn es gibt diese Fälle leider auch in der evangelischen Kirche, in der der Zölibat nicht vorgeschrieben ist, und im familiären Kontext der Welt werden solche furchtbaren Untaten ebenfalls begangen. Diese Gewalttaten lassen sich nicht so einfach mit einem Verbot von Sexualität erklären, wobei sich der Trieb dann ganz und gar ungesund seine Bahn sucht. Es ist so viel mehr völlig falsch gelaufen. Und zwar in allen Kontexten. Hier fehlt jede Achtung vor dem Recht und der Würde des Einzelnen, es fehlen jegliche Werte bezüglich Recht und Unrecht, es werden krankhafte Triebe einfach auf Kosten anderer ausgelebt, und es fehlt vor allem die echte Liebe, die stets den anderen im Blick hat, nicht bloß die eigene Befriedigung. Ein gesundes Maß und eine gesunde zeitweilige Enthaltsamkeit, die auch für Menschen wichtig ist, die sexuell aktiv sind, kann man aber nicht durch Verbote erlernen, sondern nur durch eine innere Einstellung und Übung darin, sich nicht von seinen Gelüsten beherrschen zu lassen, sondern immer seine Werte und eine klare Ausrichtung im Blick zu behalten. Dies gilt gleichermaßen im Kloster wie außerhalb und macht vor Mauern einer Klausur nicht Halt. Es würde der ganzen Welt guttun, hier wieder klösterliche Tugenden zu lernen. Gleichzeitig muss man sich im Kloster auch damit auseinandersetzen, wie die Welt gerade aussieht und worunter sie leidet. Dazu gehört nun mal, ehrlich in seinem Inneren zu schauen, was sich dort gerade abspielt, und auch ehrlich mit negativen Gedanken und Gefühlen umzugehen, um solche Wunden wirklich heilen zu lassen und sie nicht in einem endlosen Teufelskreis immer weiterzugeben, so wie es leider schon viel zu lange geschehen ist und immer noch geschieht. Wir müssen offen hinschauen und nichts verbergen oder ausschließen wollen. Dazu ist die Klausur nicht mehr zeitgemäß, und der Begriff »Kloster« passt hier eigentlich nicht mehr.

Des Weiteren ergeben sich auch Schwierigkeiten mit dem Begriff »auf Zeit«, weil ich zum einen schon darlegte, dass man den Prozess nicht vorher festlegen kann. Zum anderen ist das Leben, um das es schließlich geht, im ständigen Fluss, und es geht um die Hingabe an diese Bewegung. In dieser Hingabe gelangen wir zu dem, was Meister Eckhart das »gegenwärtige Nun« nennt: das Leben im Jetzt, das Leben in der Ewigkeit. So schließt sich »auf Zeit« zum einen dadurch aus, dass dies einen abgegrenzten Zeitraum meint, den wir nicht vorher definieren können, und zum anderen, weil wir eigentlich ein Leben außerhalb jeder Zeitlichkeit anstreben, um Anteil an der Ewigkeit Gottes zu haben. Stattdessen müsste man also ein »Kloster auf Zeit« vielleicht eine »spirituelle Lebensgemeinschaft in der Zeit« nennen. Hier würde betont, dass es um das Leben in der Zeit geht, denn eine andere Dimension steht uns nicht zur Verfügung.

Mir wird an dieser Stelle klar, dass dies die Essenz dessen ist, was ich für ein »Kloster auf Zeit« für nötig halte. Es ist eine Handlungsanweisung, stets zu schauen, was das »Jetzt« von einem fordert: Jetzt. Jetzt. Jetzt.

Ein gegenwärtiges Nun.

Anhang

Konstitutionen

Zusammenfassend würde ich einer solchen Gemeinschaft in etwa die folgenden Konstitutionen geben:

I. AUFNAHME

1/ Aufgenommen werden können Personen,

» die volljährig sind,
» die bereits über eine Berufsausbildung verfügen,
» die die hier formulierte Ausrichtung für sich anerkennen wollen und können,
» die zum Kennenlernen vier Wochen in der Gemeinschaft verbracht haben.

2/ Die Aufnahme erfolgt

» mit mehrheitlicher Zustimmung der Gemeinschaft,
» zunächst für ein Jahr, mit der Möglichkeit der jährlichen Verlängerung,
» in einem schlichten Ritual der Gemeinschaft, in dem die/der Aufzunehmende ein schlichtes Gewand zum Tragen erhält und seine Bereitschaft zur Hingabe und Wandlung und zum Gehorsam gegenüber der Gemeinschaft erklärt.

3/ Mit der Aufnahme verbunden sind

» die Zahlung eines Eintrittsgeldes in festzusetzender Höhe,
» der Verzicht auf eigenes Einkommen,
» die Bereitschaft, die Regeln der Gemeinschaft zu befolgen,

» die Bereitschaft, die eigene Arbeitskraft der Gemeinschaft zur Verfügung zu stellen,
» von der Gemeinschaft aus: die Bereitstellung von Verpflegung und Unterkunft.

II. GEMEINSCHAFT

1/ In der Gemeinschaft sind alle Mitglieder als gleichberechtigt anzusehen, unabhängig von ihrem tatsächlichen Alter, ihrem Eintrittsalter oder ihrem früheren Beruf.

2/ Alle verpflichten sich zum Gehorsam gegenüber dem gemeinschaftlich unter Führung des Heiligen Geistes Beschlossenen und ihrem eigenen Gewissen.

3/ Die Gemeinschaft hält gemeinsam die Gebetszeiten und nimmt die Mahlzeiten gemeinsam ein.

4/ Die Gemeinschaft kommt täglich zur Gewissenserforschung, einmal pro Woche zum »Besserungskapitel«, einmal pro Woche zur gemeinsamen Schriftbetrachtung und einmal im Monat zum »Orientierungskapitel« zusammen.

5/ Jedes Mitglied der Gemeinschaft erhält Unterstützung durch einen geistlichen Begleiter von außerhalb der Gemeinschaft.

III. GEBETZEITEN UND TAGESSTRUKTUR

(als ungefährer Vorschlag)

7:00	gemeinsame Laudes
7:30	gemeinsames Frühstück
8:30	Heilige Messe
9:30–12:00	Zeit für Arbeit, Studien, Bewegung und freie Zeit
12:15	Sext
12:30	Mittagessen
13:00–14:00	Mittagsruhe
14:00–17:45	Zeit für Arbeit, Studien, Bewegung und freie Zeit
18:00	Vesper
18:30	gemeinsames Abendessen
19:00–20:30	Zeit für gemeinsame Schriftbetrachtung oder Kapitel
20:30	gemeinsame Gewissenserforschung und Dank für den Tag
21:00	Komplet

IV. ARBEIT

1/ Alle anfallenden Arbeiten werden im Rotationsprinzip von allen Mitgliedern der Gemeinschaft abwechselnd übernommen. Dabei wechseln die Aufgaben alle zwei Wochen, jedoch nicht von allen Mitgliedern zeitgleich:

Um eine Einarbeitungszeit und Hilfe zu gewährleisten, arbeiten jeweils mindestens zwei Mitglieder auf einem Posten, deren Rotation zeitlich verschoben stattfindet. So kann jeweils ein neues Mitglied von einem anderen eingewiesen werden, der das jeweilige Amt bereits eine Woche ausgeführt hat und noch eine Woche bleibt.

2/ Arbeiten, die ein nötiges spezielles Fachwissen erfordern, das eine Rotation verunmöglichen würde, werden an Außenstehende vergeben.

V. KÖRPERLICHES UND SEELISCHES WOHL

1/ Jedes Mitglied erhält nach Absprache im Kapitel freie Zeit zu Sport, Spaziergängen und zur Pflege von sozialen Kontakten.

2/ Die Mahlzeiten sollen einfach, vollwertig und auf die jeweiligen Bedürfnisse der Mitglieder abgestimmt sein.

3/ Jedes Mitglied sei besonders achtsam darauf zu prüfen, was es wirklich nötig hat, und soll die gewährte Freiheit nicht ausnutzen. Es achte zudem darauf, sich dies zu erlauben und den anderen zu gönnen, was diese nötig haben.

VI. AUSTRITT

1/ Wenn ein Mitglied den Wunsch verspürt, die Gemeinschaft zu verlassen, oder andere Mitglieder den Wunsch haben, jemanden aus der Gemeinschaft auszuschließen, sollen die Gründe hierzu genau und gründlich geprüft werden.

2/ Kein Mitglied soll aus Gründen der Bequemlichkeit oder aufgrund eines ungeklärten Konfliktes gehen.

3/ Ein Austritt soll gut begleitet und moderiert werden, sodass die Gemeinschaft im Guten zurückbleiben und das austretende Mitglied ebenso im Guten den nächsten Schritt in seinem Leben gehen kann.

VII. REGEL

Die folgende »Regel für eine spirituelle Lebensgemeinschaft in der Zeit« soll regelmäßig bei den Zusammenkünften vorgelesen werden.

Regel für eine spirituelle Lebensgemeinschaft in der Zeit

(in Anlehnung an die Augustinusregel)

1/ In diesem Lebensabschnitt, den ihr miteinander teilt, sollt ihr einmütig zusammenleben, wie ein Herz und eine Seele auf dem Weg zu Gott. Dabei sollt ihr darauf achten, dass ihr wirklich eure ganzen Herzen Gott zur inneren Wandlung hinhaltet und nichts vor ihm zurückhaltet und verbergt und zugleich mit der Gemeinschaft Einmütigkeit anstrebt, Hindernisse und Widersprüche offen darlegt und miteinander einen Weg der Einigung findet. Seid nie untereinander zerstritten. Sollte es doch einmal zum Streit kommen, beendet ihn so schnell wie möglich. Wenn ihr jemanden verletzt habt, macht es so schnell wie möglich durch eine Entschuldigung wieder gut. Und wer verletzt wurde, soll stets bereit sein zu verzeihen. Andernfalls könntet ihr nicht mehr aufrichtig das Vaterunser beten. Bedenkt immer, dass man besser mit jemandem auskommen kann, der zwar schnell wütend wird, dies aber auch schnell wiedergutmacht, sobald er einsieht, dass er einem anderen Unrecht getan hat, als mit einem anderen, der weniger aufbrausend ist, der aber auch nur zögerlich oder gar widerwillig zur Entschuldigung bereit ist. Wer nie um Verzeihung bitten will oder dies nicht von ganzem Herzen tut, führt kein aufrichtiges geistliches Leben. Denn wir sind alle fehlbar, und nur Gott ist gut. Hütet euch aber vor verletzenden Worten. Wem das schwerfällt, der übe sich mit dem Psalm 141: »Herr, stell eine Wache vor meinen Mund, eine Wehr vor das Tor meiner Lippen!« Und wenn doch einmal verletzende Worte gefallen sind, dann sprecht auch wieder heilsame.

2/ Jedes Mitglied soll vor den anderen gleich viel gelten. Herkunft, frühere Berufe und dergleichen sollen keinerlei Rolle für das Ansehen spielen. Ihr alle seid Abbilder und Kinder Gottes. Ehrt also gegenseitig in euch Gott. Wenn ihr einander begegnet, so verneigt euch im Geiste voreinander und denkt: *Deo gratias*! – Dank sei Gott, dass wir zusammen auf dem Weg sein dürfen! Dies nutzt ganz besonders, wenn ihr untereinander Konflikte habt.

3/ Sorgt dafür, dass euch alles gemeinsam gehört und nicht einer den anderen etwas vorenthält und für sich allein beansprucht. Geht zudem mit allen Dingen so sorgfältig um, als gehörten sie nicht euch allein. Jeder soll erhalten, was er persönlich braucht. Die Verantwortung dafür, dies nicht auszunutzen, liegt vor allem im eigenen Gewissen.

4/ Wenn für jemanden bei Tisch oder auch im restlichen Alltag aufgrund seiner Gesundheit eine Ausnahme gemacht wird, sollen die anderen dies nicht als ungerecht empfinden. Das ist keine Bevorzugung, sondern Rücksichtnahme, die jedem zuteilwird, wenn er sie braucht. Jedes Mitglied achte jedoch gründlich darauf, dass es diese Rücksicht nicht aus Bequemlichkeit oder Gier ausnutzt. So bald wie möglich soll auf die Sonderbehandlung wieder verzichtet werden.

5/ Sobald ein Mitglied sagt, dass es sich nicht wohlfühlt, Schmerzen hat oder bei der Arbeit eine Pause braucht, glaubt ihm ohne Weiteres. Auch hier ist jedes Mitglied vor Gott und dem eigenen Gewissen selbst dafür verantwortlich, dies nicht auszunutzen.

6/ Betet zu den festgesetzten Zeiten, aber vernachlässigt nicht den Schlaf, das Essen und die körperliche Bewegung. Betet mit Aufmerksamkeit und mit dem Herzen. Wenn euer Geist abschweift, kommt beharrlich immer wieder zum Gebet zurück. Achtet darauf, dass auch euer ganzes Leben gleichsam Gebet ist. Nehmt auch eure Mahlzeiten mit großer Achtsamkeit und in Dankbarkeit zu euch.

7/ Seid nicht aufwändig gekleidet. Versucht nicht, durch eure Kleidung zu gefallen, sondern dadurch, wie ihr euer Leben führt. Euer ganzes Verhalten darf bei niemandem eine Grenze verletzen.

8/ Jeden Abend soll die Gemeinschaft zur stillen Gewissenserforschung zusammenkommen und anschließend gemeinsam Gott und einander für das Misslungene um Verzeihung bitten und für das Gelungene Dank sagen.

9/ Einmal pro Woche soll die Gemeinschaft zur inneren und gegenseitigen Korrektur zum »Besserungskapitel« zusammenkommen, in dem jedes Mitglied vor der Gemeinschaft bekennen kann, was er oder sie während der Woche in sich selbst als verbesserungswürdig erkannt hat oder für das er oder sie um Entschuldigung bitten möchte. Dies soll in großer Liebe und im Vertrauen geschehen, dass es nicht um Strafe geht, sondern um ein inneres Wachstum und ein Leben in Güte und Liebe. Wenn ihr ein Verhalten bei einem anderen bemerkt, das dieser nicht von sich aus anspricht, so ermahnt ihn in der folgenden Woche unter vier Augen. Bessert er sich nicht, sollen ein oder zwei Mitglieder hinzugezogen werden. Bessert sich das Mitglied daraufhin immer noch nicht, soll es in der nächsten Versammlung vor allen anderen in geordneter Form darauf angesprochen werden: ohne Anklage und mit der Gelegenheit, sich zu seinem Verhalten zu äußern. Hierzu wird anschließend die Rückmeldung der Gemeinschaft erfragt. Der oder die Betroffene ist gehalten, die Rückmeldung der Gemeinschaft zunächst zu hören und zu bedenken, ehe er oder sie darauf reagiert. Sollte nach einer Woche noch Klärungsbedarf bestehen, kann das Thema erneut aufgegriffen werden.

10/ Einmal pro Woche soll die Gemeinschaft zur gemeinsamen Schriftbetrachtung zusammenkommen.

11/ Einmal pro Monat soll die Gemeinschaft zum »Orientierungskapitel« zusammenkommen, um unter der Führung des Heiligen Geistes zu besprechen, welche Änderungen vorgenommen werden müssen und ob jemand kommen oder die Gemeinschaft verlassen will.

12/ Alle anfallenden Arbeiten, die mit einer besonderen Ausbildung und Einarbeitungszeit verbunden sind, sollen, wenn nötig, an externe Kräfte vergeben werden. Ansonsten sollen alle Aufgaben im Rotationsprinzip unter allen Mitgliedern aufgeteilt und nach zwei Wochen getauscht werden. So soll sich niemand an einer besonderen Arbeit festklammern und jeder darauf bedacht sein, den Dienst für alle zu leisten und die Arbeit der anderen genauso zu achten wie seine eigene. Jede Arbeit soll von mindestens zwei Mitgliedern ausgeführt werden, sodass durch versetzte Rotationsrhythmen immer ein neues Mitglied von einem Mitglied unterstützt und eingearbeitet werden kann, das diesen Dienst bereits ausgeführt hat.

13/ Die älteren und langjährigen Mitglieder sollen als Vorbilder dienen und daher besonders achtsam auf ihr Verhalten schauen. Sie sollen stets in Liebe zurechtweisen, ermutigen, mit gutem Beispiel vorangehen und Geduld haben.

14/ Einmal pro Woche soll diese Regel vorgelesen werden. Sie ist wie ein Spiegel: Ihr sollt darin sehen, ob ihr etwas vernachlässigt oder vergesst. Wenn ihr findet, dass ihr dem entsprecht, was hier steht, dann dankt Gott. Bemerkt ihr aber, dass ihr dahinter zurückgeblieben seid, bereut es, seid in Zukunft achtsamer und betet: »Vergib mir meine Schuld und führe mich nicht in Versuchung« (Matthäus 6,12f).

Danke …

… natürlich zuerst an meine Mitschwestern, die mich aufgenommen und ihr Leben mit mir geteilt haben.

… an meine Priorin Sr. Maria Magdalena Dörtelmann OP, die auch an meiner Seite blieb, als es schwierig wurde.

… an meinen geistlichen Begleiter P. Thomas Gabriel Brogl OP, der mir bei der Berufungsklärung half und meinen Weg begleitet hat.

… an P. Ludwig Müller CRVC, P. Johannes Lehmann-Dronke CRVC (†) und P. Udo Küpper OSB für ihren geistlichen Beistand.

… an Pfarrer Andrej Nicolai Desczyk und P. Michael Dillmann OP für ein dominikanisches »Willkommen-zu-Hause-Gefühl«, alle Gespräche und ihre Unterstützung bei meinem Neustart in Berlin.

… an die Benediktinerinnen von St. Lioba in Freiburg, die mich in ihrem damals noch bestehenden »Haus Subiaco« zur Berufungsklärung aufgenommen haben.

... an meine liebe Freundin Ursula Albrecht, die mir einmal mehr den Impuls zu diesem Buch gegeben hat und deren Konstitutionen für eine geistige Gemeinschaft mir einen ersten Eindruck gegeben haben, wie man so etwas schreiben könnte.

... an meine Mutter Anna-Maria Holst-Otto, die mich im Kloster besucht hat, obwohl sie sich mit meiner Entscheidung sehr schwergetan hat, und mich in den ersten Monaten nach meinem Austritt selbstverständlich bei sich aufgenommen hat.

... an meinen Vater Karl-Heinz Otto, der mich ebenfalls besucht hat, immer etwas Leckeres für alle Schwestern dabeihatte und mir meinen Neustart materiell etwas erleichtert hat.

... an meine Lektorin Marlene Fritsch, die stets an das Manuskript geglaubt und mir für das letzte Kapitel gute Impulse gegeben hat.

... an den Vier-Türme-Verlag in Münsterschwarzach und die dortigen Benediktinerbrüder, weil sie an diesem Thema Interesse hatten und mich ermutigten, neue Wege zu wagen.

Literatur

Aurelius Augustinus, Die Bekenntnisse, Einsiedeln 2009.

Augustinus von Hippo – Regel für die Gemeinschaft, übersetzt von Tarsicius Jan van Bavel, Würzburg 1990.

Benedikt von Nursia, Die Benediktsregel, Lateinisch/Deutsch, Ditzingen 2018.

Pierre Teilhard de Chardin SJ, Entwurf und Entfaltung, Briefe aus den Jahren 1916–1919, Freiburg im Breisgau/München 1963.

Peter Dyckhoff, Mit Leib und Seele beten. Die neun Gebetsweisen des Dominikus, Freiburg im Breisgau 2003.

Meister Eckhart, Deutsche Predigten und Traktate, herausgegeben und übersetzt von Josef Quint, Zürich 1979.

Einheitsübersetzung der Heiligen Schrift, Katholische Bibelanstalt, Stuttgart 1980/2016.

P. Franz Jalics, Kontemplative Exerzitien, Würzburg 1994.

Thérèse von Lisieux, Geschichte einer Seele, Trier 2009.